JN448680

자유로운 마음을 위한

수용전념치료ACT의 길을 노래하다

문현미 저

학지사

세상의

모든

손주들에게

여는 말

> "책을 쓴다는 것은 무엇을 가르치기 위함이 아니다. 독자보다 우위에 있음을 과시하기 위함도 아니다. 책을 쓴다는 것은 무언가를 통해 자기를 극복했다는 일종의 증거다. 낡은 자기를 뛰어넘어 새로운 인간으로 탈피했다는 증거다. 나아가, 같은 인간으로서 자기 극복을 이룬 본보기를 제시함으로써 누군가를 격려하고자 함이요, 겸허히 독자의 인생에 보탬이 되려는 봉사이기도 하다."
>
> –프리드리히 니체 ('인간적인 너무나 인간적인' 중에서)

필자가 심리상담의 길에 뛰어든 지는 어느새 40년이 넘어갑니다. 그동안 쌓인 수용전념치료(Acceptance & Committment Therapy: 이하 ACT)에 대한 이해를 나누고 싶어서 이 책에 전념했습니다. 제가 ACT를 경험하기 시작한 것은 20년이 넘습니다. 심리상담 현장에서 일하다가 뒤늦게 박사 과정에 들어가서 관심 주제를 따라가다가 ACT 관련 논문을 처음으로 접했습니다. 그것이 ACT와의 첫 만남입니다. 그때는 국내에 ACT가 소개되지 않았던 시기라서 불모지를 홀로 탐험하는 심정이었는데, 지혜와 자유, 사랑 같은 삶의 가치가 제게 힘을 주었습니다. ACT는 박사 논문으로 그 결실을 이룬 이후에도 개인상담이나 집단상담, 워크숍 등으로 오늘까지 함께 걸어온 만큼, 제 삶의 도반 같은 치료 이론이자 삶의 철학입니다.

인간의 언어와 생각이 매우 유용한 도구이지만, 양날의 검과 같아서 심리적 고통을 야기할 수도 있다고 ACT에서는 역설합니다. 이에 대한 해독제로서 ACT를 발전시키고 증거 기반 치료로서 자리를 잡아 왔습니다. 그래서 언어나 생각의 부작용을 최소화하면서 치료적인 접근을 할 수 있도록 체험적인 방법이나 비유 등을 사용합니다. 그렇지만 ACT 이론을 교육하거나 현장에서 적용할 때는 언어를 사용할 수밖에 없습니다. 언어의 덫에 걸려들지 않으면서 ACT 이론과 방법을 전달할 수 있는 길을 필자는 적지 않은 시간 동안 모색해 왔습니다. 더 많은 분이 ACT에 잘 접할 수 있게 하고자 이제 그 여정의 끝자락에서 글을 쓰게 되었습니다.

ACT에서는 여섯 가지 과정을 통해 심리적 공간을 만듦으로써 심리적 유연성을 향상시키고자 합니다. 물리적 · 언어적으로 여백이 있는 책을 만들면 심리적 공간을 넓히는 효과를 더할 수 있겠다는 아이디어가 필자에게 떠오르면서 흥미가 생겼고, 저처럼 축약적이고 비약적인 언어 형식을 선호하는 분들에게는 적어도 내용이 전달될 수 있겠다는 마음이 들어서 처음에 이 작업에 용기를 낼 수 있었습니다. 마음에서 해방되어 가치를 향해 보다 자유롭게 살아가고자 하는 분들에게 새로운 지평을 열어 주기를 이제는 감히 소망하게 됩니다.

ACT는 비단 정신건강 영역에만이 아니라 일상의 수행이나 관계, 사회생활, 더 나아가 사회 문제나 세계적인 난제에도 접근을 활용할 수 있는 인간 고통과 문제에 대한 상당히 포괄적인 패러다임입니다. ACT에서는 역기능적인 행동이나 삶의 문제, 또는 심리적 증상이라는 기회를 통해 심리적 유연성을 향상시키는 데 초점을 둡니다. 또한 ACT 상담을 받는 분들이 심리적 유연성의 기술을 체험하고 익혀서 이후에도 자신의 삶에서 지속적으로 연습하고 훈련할 수 있게 하는 것을 목표로 합니다.

ACT 육각형의 꼭짓점에 놓인 여섯 가지 과정이 서로 어우러져 강화됨으로써 육각형 안의 공간이 확장되는 것으로 상징되는 개념이 심리적 유연성입니다. 심리적 공간을 넓히고자 하는 ACT의 여섯 가지 길에는 감정, 생각, 주의, 자기, 동기, 행동의 과정이 포함됩니다. ACT에서는 이 여섯 과정의 작업을 통해서 해방된 마음으로 가치를 향해 보다 자유롭고 유연하게 살 수 있도록 돕습니다.

이 책에서 필자는 자유롭고 풍요로운 삶을 위한 ACT의 여섯 가지 심리적 유연성의 길을 안내했는데, 언어의 함정에 빠지지 않게 전달할 수 있도록 주의를 기울였습니다. 또한 이론에 대한 기초 지식이 없는 분들도 쉽게 ACT의 심리적 유연성의 길을 안내받을 수 있도록 마음을 썼습니다. 무엇보다, 심리적 장애물에 막혀서 심리적 유연성이 떨어지고 역기능적인 문제를 마주하게 된 분들이 ACT의 통찰과 기술을 수시로 자주 가볍게 접할 수 있는 책으로 만들고자 했습니다. 아울러 심리상담 종사자들이 언어에 갇히지 않으면서 보다 가볍고 유연한 방식으로 ACT의 길을 익히고 ACT를 체화하도록 고안해서 보다 자연스럽고 창의적으로 상담에서 활용할 수 있게 하려고 했습니다.

이 책에서는 자유로운 마음과 삶을 위한 ACT의 개념과 방법을 조금 낯설고 새로운 방식으로 전달합니다. ACT의 여섯 가지의 과정에 일정한 순서가 있는 것은 아니므로, 여섯 가지 길 중에서 먼저 관심이 가는 길부터 접해 보는 것도 좋고 관심이 가는 소제목부터 보다가 전체적으로 다시 읽거나 뒤부터 거꾸로 읽는 방법도 괜찮습니다.

우리가 어릴 때 노래를 부르면서 말을 배우듯이, 이 책에서 ACT의 길을 노래처럼 들으면서 반복적으로 익히고, 인간 고통의 문제에 대한 인류의 지혜와 현대 과학을 집대성한 ACT의 길에 익숙해지길 바랍니다. 이로써 생의 초기에 우리가 본래 갖고 있던 유연하고 열린 마음이 회복되고 확장되는 데 보탬이 될 것입니다. 감정이나 생각에서 해방되어 자유롭게, 가치와 전념 행동을 향해 자유롭게, 삶이라는 여정을 신나게 걸을 수 있도록 유연한 마음을 북돋우는 ACT의 길을 노래처럼 흥얼거리며 익힐 수 있기를 바랍니다.

삶이라는 여정에서 이제 환갑을 몇 해 넘기며 그 여정의 남은 부분을 향하고 있는 이 존재를, 늘 지켜보는 자리에서 일깨워 준 내 의식과 그리고 가슴 뛰는 삶으로 인도해 준 생명에게 깊은 경이와 감사를 느끼면서….

우주라는 큰 나무에 달린 나뭇잎들처럼 모두가 연결된 세상, 그 진화를 바라는 분들과 이 책을 나눕니다.

2025년 하늘 서재에서 문현미

차례

II 생각을 알아차리는 길

III 주의를 현재에 두는 길

IV 자기를 초월하는 길

V 가치를 선택하는 길

VI 행동에 전념하는 길

I

감정을 품어 안는 길

여인숙

인간이라는 존재는 여인숙이라네.
아침마다 새로운 손님이 찾아오는

기쁨, 절망, 슬픔이 찾아오고
때로는 순간의 깨달음도
예기치 않은 손님처럼 찾아온다네.

그 모두를 환영하고 맞아들이리.
설령 슬픔의 군중이
온 집 안을 휩쓸며
가재도구들을 모조리 내가더라도
각각의 손님들을 정중하게 대접하리라.
그들이 어떤 새로운 기쁨을 주기 위해
나를 깨끗이 정화하는 것인지도 모르니

어두운 생각, 부끄러움, 후회라 할지라도
그들을 문 앞에서 웃음으로 맞이하며
집 안으로 초대하리라.

누가 오든 감사하게 여기리라.
모든 손님들은 저 멀리에서 보낸
삶의 안내자들일 터이니.

잘랄루딘 루미

캐럴송과 좋은 소식

"울면 안 돼~ 울면 안 돼~!
산타할아버지는 우는 애들에겐
선물을 안 주신대~

짜증 날 때 장난할 때도
산타할아버지는 모든 것을 알고 계신대
울면 안 돼, 울면 안 돼."

기쁜 성탄절에 이런 캐럴송이 울려 퍼진다.

아이는 말을 배우고
노랫말을 배우며
울면 안 되는 것도 배운다.
우는 건 나쁜 거구나
울음 참는 법을 배워 가며
아이는 어른이 되어 간다.

아기였을 땐 그냥 울음이 나오니 울었는데
울거나 짜증을 내면 주변 반응이 안 좋다는 걸 점차 감지한다.
커 가면서 아이는 울음을 멈추려고 애쓴다.
마음대로 안 되는 건데…
우는 자기가 나쁜 사람인 것 같아 힘들어진다.

아이는 울음을 삼킨다.
커 가면서 감정을 억누르면
감정이 막히고 뚜껑이 덮인다.
느낌 본능이 사라져 간다.

몇 가닥 남은 느낌 본능으로 손목을 긋고
아픔을 느끼면서 안도하고 시원함까지 느낀다.
하지만 잠시뿐
다시 나쁜 사람이 된 느낌이 들면서 힘들어진다.
그래서 느낌을 또 죽인다.
순환 고리 속을 맴돌다 생기가 메말라 간다.

무리를 짓고 사는 인간의 다행 속 불행
하지만 이 순환 고리를 깨고 빠져나올 길이 있다는
좋은 소식이 ACT(수용전념치료)에 있다.
이제 여기에
좋은 소식이 모두에게 닿기를… _()_

심연으로 빠지는 고통

삶의 어느 길목에서 어떤 일을 겪으면서
우리는 놀라기도 하고
예상과 다른 결과에 허망하기도 하며
이러자고 노력하며 산 게 아닌데 하면서
주저앉고 싶어지기도 한다.

인간에 대한 신뢰가 바닥을 향하기도 하고
기대하던 열매가 땅에 떨어져 버리니
상실의 아픔으로 쓰리기도 한다.

우리는 그 아픔에서 어떻게든 벗어나려고 애쓰면서
잊으려고 발버둥치기도 하고
외면하고자 달아나기도 하지만
이럴수록 머리는 멍해지고 가슴은 답답해진다.

상실을 되돌려보려고
원인을 찾아 열심히 생각하기도 한다.
왜 그런 일이 생긴 걸까?
이것 때문일까? 저것 때문일까?
사람들이 내게 이러면 안 되는 건데…
내가 뭘 잘못했나?
생각하고 또 생각하지만…

전후좌우 전체 맥락을 다 파악할 수가 없으니
머릿속에는 추측들만 어지럽게 맴돌고
빙글빙글 도는 추론의 과정에서 현기증이 날 지경이다.
삶이란 복잡하게 얽힌 상황들의 연속이라 원인이란 게 간단치 않고
곱씹어 생각해도 정확히 알기 어려우니
머리는 깨질 듯하고 힘이 들어 기진맥진해진다.

생각을 하면서 사람들을 탓하게 되면 화가 끓어오르고
자기 탓으로 돌아오면 기운이 빠지고 우울해진다.
이런 내가 이런 세상에서 어떻게 살아야 하나
앞날이 불안해진다.

겪기 어려운 삶의 경험에 대해
놀람과 상실의 슬픔으로 구르던 눈덩이가
거대한 설빙처럼 우뚝 서서
우리 길을 막는 지경에 이른다.

돌멩이 같은 고통이 점차 굴러가면서
울퉁불퉁 무거운 바위 덩어리처럼 변해
우리의 앞길을 막아 세우고
급기야 빠져나오기 힘든 심연으로 빠져들게 한다.

심연으로 빠진 고통은
생각이 낳은 심리적 고통의 악순환
인간이 겪는 깨끗한 고통에 심리적 고통이 더해지고
심리적 장애물이 되기도 하면서

혼탁해진 것이 분명하다.

삶은 고통의 바다
우리는 그 바다를 항해하지만
적어도 마음으로 인한 심리적 고통의 늪에서는
해방이 필요하다.

행복에 대한 선전

TV, 핸드폰, 길거리, 심지어 달리는 버스, 택시에 있는 광고들은
떠들썩거리며 행복을 팔고 있다.
이 상품을 구매하면 당신은 행복할 것이라고
광고문이 웃고 있다.
고통에서 벗어나면 행복할 것이라고 말하듯이

SNS에 올라오는 사람들의 사진들
뭘 사서, 어딜 가서, 누구랑 있어서 행복한 표정들
찍지 않은 사진들 속 고통은 어디로 숨었을까?

우리가 자라면서 배운 건강과 행복에 대한 메시지는?
고통이 없어야 행복한 거라고
고통이 사라지면 행복할 거라고
행복하려면 고통을 없애라고
행복을 놓치면 고통이 온다고

행복과 고통은 같이 갈 수 없는 줄 알았다.

우리는 배운 대로
고통을 없애려고
행복을 잡으려고
부단히 애썼다.
어른 같은 사람이 되려고

고통을 없애려고 애쓰는 사이에
고통의 소용돌이 속으로
행복마저 놓쳐 버리고
행복을 움켜쥐려고 애쓰는 사이에
고통의 소용돌이 속으로
행복마저 빠져나가고

이제는
고통은 없앨 수 있을 만큼 간단한 게 아니라는 걸
행복은 움켜쥘 수 있는 게 아니라는 걸
고통과 행복은 함께 간다는 걸
깨달을 수 있을까?

아기 호랑이와 고깃덩어리

어느 날 밤, 그르렁거리는 소리에 잠이 깼어요.
창문으로 내다보니 문 앞을 서성이는 아기 호랑이가 있네요.
어미를 잃은 건지 이리저리 두리번거리며 울어댔어요.
울음을 그치게 해야 잘 수 있을 것 같아서
창문 너머로 조그만 고깃덩어리를 던져 주었지요.
그러자 울음소리가 그치고 조용해졌어요.

다음 날 밤 아기 호랑이는 다시 찾아왔어요.
여전히 문 앞에서 그르렁대며 울어댔고
다시 창문 너머로 고깃덩어리를 던져 주었지요.

그날 이후 아기 호랑이는 자주 찾아왔고
고깃덩어리를 더 많이 주어야 울음을 그치고 돌아갔어요.
아기 호랑이의 몸집은 점차 커지고
갈수록 사납게 으르렁대는 야수로 변해 가네요.
더 많은 고기가 필요하고요.

그 고기는 우리 삶의 조각이자 자유의 조각
아기 호랑이를 키워 버리는 방식은
우리가 고통을 키우는 방식과 같아요.

고통을 잠재우려고 붉은 살코기를 먹일 때마다
고통이라는 호랑이는 더 힘을 얻어 더 크고 강하게 자라나요.

고통이라는 호랑이는 나타날 때마다 점점 더 사납게 으르렁대고…
우리가 고통에게 먹이를 줄 때마다 고통은 더 강력해지고
우리는 점점 더 힘들고 절망스러워집니다.

절망으로 내려가는 그대여
점점 견디기 어렵고 힘들어진다면, 이제
찾아오는 호랑이에게 다른 방식으로 대할
새로운 전환점이 필요하다는 신호일 수 있어요.

진짜 문제

〈I〉

A: 지금은 두려움 때문에 원하는 것을 못하고 있어요.

C: 두려움이 사라진다면 무엇을 할래요?

A: 그때는 원하는 것을 시도해 볼 거예요.
이렇게 원하는 것을 못하고 있으니 우울해지고
계속 이렇게 살까 봐 두려워요.

C: 두려움이 증폭되는군요. 게다가 우울까지 더해지고…

A: 네. 점점 더 힘드네요.

C: 원하는 방향으로 움직이지 못하는 것이 진짜 문제군요.
두려움은 더 커지고… 생기 없는 삶이 되니
두려움이 삶의 장애물이 되고 있네요.

두려움이 있어도 원하는 방향으로 움직인다면
두려움은 더 이상 장애물이 아니지요.
두려움은 장애물이 될 수도 있고, 아닐 수도 있군요.

당신은 두려움에 막히느냐

두려움과 함께 가느냐의 갈림길에 서 있네요.
어느 쪽 길을 선택할래요?

〈II〉

B: 지금은 고통 때문에 원하는 대로 못 살고 있어요.

C: 고통이 사라진다면 어떻게 살래요?

B: 그때는 원하는 대로 살 거예요.
이렇게 원하는 대로 살지 못하고 있으니 우울해지고
계속 이렇게 살까 봐 불안해서 고통스러워요.

C: 고통이 증폭되는군요. 게다가 우울까지 더해지고…

B: 네. 점점 더 힘들어지네요.

C: 원하는 방향으로 움직이지 못하는 것이 진짜 문제군요.
고통은 더 커지고… 생기 없는 삶이 되니

고통이 삶의 장애물이 되고 있네요.
고통이 있어도 원하는 방향으로 움직이면
더 이상 고통은 장애물이 아니지요.
고통은 장애물이 될 수도 있고, 아닐 수도 있군요.

당신은 고통에 막히느냐

고통과 함께 가느냐의 갈림길에 서 있네요.

어느 쪽 길을 선택할래요?

심리 법칙을 아시나요?

우리가 누리는 문명의 혜택은 인간 이성과 언어 덕분이에요.
이성을 꽃피우게 해 준 언어, 이로써
우리는 사물을 분석하고, 계획을 세우며
이전에 전혀 경험하지 못했던 미래를 건설하게 되고
막대한 이익을 얻었지요.

이성과 언어의 법칙은 주로 통제
이 법칙은 삶의 95%에선 아주 잘 작동해요.
몸 바깥에서는 매우 잘 작용해서
세상을 조정하는 데 효과적이지요.

하지만 나머지 5% 피부 아래 세계에서는
잘 작동하지 않는다는 것을 아시나요?

마음은 통제가 전부 해답이라고 여겨요.
만일 어떤 기억이나 감정을 싫어한다면
마음은 그 원인을 없애면 이를 느끼지 않게 될 것이라고 해요.

그런데 우리의 내부 경험 세계에서는
이 법칙이 적용되지 않는 것을 아시나요?

내적인 경험은 단순하게 조종되는 대상이 아니기에
그것은 역사가 있고 자동적이기에

“나쁜 사건이 제거되면 나쁜 결과를 피할 수 있다.”라는 법칙은
적용되지 않는답니다.

오히려
내적인 경험은 기꺼이 품지 않으면 계속 갖게 되지요.
생각이나 감정을 피하거나 없애려고 애써도 효과가 없어요.
대체로 힘만 더 들게 된답니다.

걱정과 싸우고 있는 어느 사람을 생각해 보세요.
그는 걱정을 안 하려고 하지만
걱정이나 불안하지 않는 것이 정말로 중요해지면
걱정하거나 불안해질 것에 대해 걱정하거나 불안해지기 시작해요.

삶의 역사, 정서, 생각, 감정, 기억, 태도, 신체적 감각 등에 대해서는
통제가 대체로 유익하지 않아요.
유익하지 않을뿐더러 애쓰느라 더 힘들어질 뿐이지요.

이렇게 내부 세계에서는
의도적인 통제가 해결이 아니라 오히려 문제가 되는 법
우리가 자신의 역사나 걱정, 불안, 우울 등을 피하고자 애쓴다면
결코 이기지 못할 싸움이 될 겁니다.

우리의 기억, 생각, 감정, 감각 등에서 일어나는 것들은
통제할 수 없다는
품지 않으려고 하면 계속 갖게 된다는
심리 법칙을 당신은 아시나요?

고통이라는 손님이 찾아오면

고통이라는 손님이 찾아오면
우리는 달갑지 않습니다.
두렵습니다.
우리를 덮칠까 봐
우리를 엄습할까 봐
우리가 애써 지탱하고 있는 자아가 손상될까 봐

나만 느끼는 거라 여기고 수치스러워
무시하고 외면합니다.
고통에서 달아납니다.
고통을 해결하려고 싸웁니다.

고통을 무시하고 외면하면 고통은
관심받기 위해 소리치는 아이처럼
더 크게 소리칩니다.
우리는 정신이 없어집니다.

고통에서 달아나기 시작하면
고통이 쫓아오는지 돌아보면서 자꾸 의식하고
쫓기는 도망자 신세가 되어
우리는 다른 삶을 잘 살지 못하게 됩니다.

고통과 싸우면 고통만 보입니다.

고통이 더 크게 보입니다.
삶에 쏟을 에너지를 싸움에 쓰면서
우리는 기진맥진, 우울해집니다.

고통이라는 손님을 맞는 이런 자세는
우리에게 유익하지 않고 해롭기까지 합니다.
이와는 다른 자세가 필요한 게 확실합니다.

고통이라는 손님을 어찌 달리 대할 수 있을까요?
이는 우리에게 중요한 사안입니다.

구덩이에 빠진 사람

예측할 수 없는 깊고 넓은 구덩이들이 군데군데
한 치 앞도 알 수 없는 인생 벌판에서
등에 작은 연장통 하나 메고
눈을 가린 채 길을 가는 우리

앞을 모르기에 우연히
큰 구덩이에 빠지기도 합니다.
올라갈 수 없고 빠져나갈 길을 찾을 수가 없는 구덩이

빠져나가기 위해 우리는
머릿속 연장통을 열어 연장을 찾지요.
분석, 추론, 해석, 평가, 비난, 회피, 견딤과 같은 연장

열심히 파기 시작하지만 깊어지는 구덩이
구덩이에서 나가려고 더 열심히 팝니다.
있는 힘껏 파는데 여전히 구덩이 속이네요.

이 연장, 저 연장 다 사용해도 여전히 구덩이 안
오히려 구덩이는 점점 더 깊어만 가고…
절망적이에요.

어찌하면 좋을까요?

연장을 사용해서는

구덩이가 더 깊어지기만 하니

우선 연장을 내려놓는 게 낫겠어요.

괴물과의 줄다리기

어느 때부턴가 줄다리기를 하고 있네.
깊고 커다란 구덩이 저편에 서 있는 크고 못생긴 괴물과
깊이를 알 수 없는 구덩이 속에 떨어지지 않기 위해서

줄을 힘껏 잡아당기고 또 당기네.
힘껏 당길수록 괴물도 더 세게 당기고
구덩이 끝으로 점점 더 가까워지려 하네.

안간힘을 써서 줄을 잡아당기는 일 외에는
아무것도 하지 못하고, 힘도 빠져 가네.
지금 무엇이 중요한가?

삶이 손짓하는 방향은 다른 쪽인데…
구덩이에 빠지지 않는 것보다 중요한 것이 있는데
줄만 붙들고 힘을 쓰고 있네.

밧줄을 내려놓고 그쪽으로 간다면?
아, 소중한 삶을 다시 살고
이 구덩이에도 떨어지지 않겠구나!

수도꼭지와 물

삶의 스트레스여
수도꼭지에서 쏟아지는 물과 같구나!

생의 수레바퀴가 굴러갈 때마다 켜지는 수도꼭지
그 수도꼭지가 많을수록 물도 많이 쏟아지네.

물이 넘칠까 봐 수도꼭지를 잠그려고 애쓰면
생의 수레바퀴도 멈춰 버리네.
삶에는 황량한 우울이 찾아오지.

물이 밖으로 넘치면 말썽이 되지만
물이 넘치는 문제는
마개가 계속 막혀 있을 때 일어날 뿐

마개가 막혀 있지 않다면
실상은 그다지 문제가 되지 않는다는 걸…

수도꼭지가 많아서 물이 많이 쏟아지는 경우에는
마개를 더 크게 활짝 열면 되는 것이지.

탐지기와 총

우리는 아주 민감하게 작동하는 탐지기를 걸고 있어요.
조금이라도 불편하면 즉각적으로 감지해 내는 신경시스템이지요.

불안, 긴장, 슬픔, 분노 등의 감정이나 통증 등을 느낄 때
"불편을 느끼면 안 돼. 불편을 조금이라도 느끼면 큰일이야,
총을 맞거든."
어떤 일이 일어날까요?

아주 조금의 불편도 끔찍할 겁니다.
불편이 감지되면?
"빵!"
자연스런 불편도 죽음이지요.

존재 가치, 인정과 사랑, 자존감, 성취감, 능력 등
지금 우리를 위협하며 겨누고 있는 총이에요.
"가치롭지 못해, 틀렸어, 남이 싫어할 거야, 능력이 없는 거야,
이상하고 부적절한 거야."

이런 총이 우리를 겨누고 있다면
우리는 몹시 불편해지겠죠?

이런 총을 자신에게 겨누고 있다면
불편을 느끼지 않으려고 애쓰면서

자신을 거의 죽이게 될 거예요.

이런 총을 자신에게 겨누고 있다면
얼른 거두는 것이 유익하겠죠?

늪에 빠졌을 때

당신이 늪에 빠졌다면,
빠져나오기 위해 안간힘을 쓸 겁니다.

이 손 저 손으로 허우적거리고
이 발 저 발로 허우적대며 발버둥 친다면
압력이 더해져 더 깊이 빠질 겁니다.

늪에서 벗어나려고
애쓰는 투쟁이 더 문제가 되지요.

오히려 모든 것을 멈추고서
몸을 최대한 펴고 표면에 접촉시켜
가만히 가라앉지 않게 하는 편이 나을 거예요.

늪과 함께 가만히 있으면서
도움받을 때를 기다리거나
빠져나갈 기회를 얻을 수 있을 테니까요.

당신이 늪과 같은 고통에 빠질 때
이 점을 잊지 마세요.

반갑지 않은 손님

잔칫집 열린 문으로
반갑지 않은 손님이 들어왔어요.
노숙자인지 옷이 더럽고 냄새가 나요.

주인이 그를 좋아할 필요는 없겠지만
그의 냄새와 옷차림을 좋아할 필요는 없겠지만
들어오지 못하게 막는다면 어떻게 될까요?

열린 문으로 누구나 들어올 수 있는데
자기만 못 들어오게 한다고 소동을 피우면
잔칫집은 난장판이 될 수 있지요.

잔칫집 주인은 다른 손님들에게 하듯이
"어서 오세요."라고 환영 인사를 합니다.

그는 둘러보고 필요한 만큼 있다가 떠납니다.
흥겨운 잔치는 계속 진행되고요.

우리에게는 종종
좋아하지 않는 감정이나 기억, 생각이
이런 손님처럼 찾아오곤 해요.

잔칫집 같은 우리네 삶이
잘 진행되도록 잠시
그 손님에게도 머물 공간을 허용하는 건 어떨까요?

고통 그려 보기

당신이 경험하는 고통을 가만히 꺼내 보세요.

마치 소중한 물건인 것처럼
눈앞 조금 떨어진 곳에 내려놓고서
잘 관찰해 보세요.
어떤 모습인지 자세히 그려 볼래요?

모양은 어떤가요?
색깔은 어떤가요?
크기는 어떤가요?

그대로 그려 보세요.

표면의 질감은 어떤가요?
무게감은 어떤가요?
속도감은 어떤가요?

그대로 느껴 보세요.

단단한 정도는 어떤가요?
움직임이 있나요?
다른 특징이 있나요?

그대로 알아차려 보세요.

이제 당신이 그려 낸 고통을
다시 잘 보세요.
달라진 점이 있나요?
어떤 점이 달라졌나요?

자, 이번에는 그 고통을 원래 있던 곳으로
당신 안에 들여보낼까요?
종일 놀다가 먼지투성이로
집에 돌아오는 당신의 아이들을
두 팔 벌려 맞이하듯이 친절하게…

예와 아니요

눈앞에 있는 것에게
"아니요"라 말해 보세요.
어떤 느낌이 드나요?

"아니요"의 자세를 취해 보세요.
"아니요"는 몸을 폐쇄하는 자세
"아니요"는 닫힌 마음

눈앞에 있는 것에게
"예"라 말해 보세요.
어떤 느낌이 드나요?

"예"의 자세를 취해 보세요.
"예"는 몸을 개방하는 자세
"예"는 열린 마음

"예"와 "아니요"는 어떻게 다른가요?

"아니요"는 딱딱해지는 느낌,
힘이 들어가네요.
"예"는 부드러워지는 느낌,
힘이 들지 않네요.

고통스런 기억, 생각, 감정, 감각이 찾아와
“아니요”로 굳어질 때 알아차려 보세요.
그리고 “예”로 바꾸어 보세요.
말랑해지도록 힘을 빼고
자유로이 드나들도록 문을 열어 주세요.

고통을 대하는 자세, 수용

고통을 대하는 자세
수용에 대해 말해 볼까요?

고통에게 문을 여는 것
고통의 존재를 인정, 수긍하는 것
고통에게 관심을 기울이는 것
고통을 품어 안는 것
고통과 친밀해지는 것
고통을 보살펴 주는 것

비유로 다시 말해 볼까요?

가냘픈 꽃을 손에 쥐듯이 고통을 쥐는 것
연약한 아이를 안아 주듯이 고통을 감싸 주는 것
아픈 사람 옆에 앉아 있듯이 고통과 함께 그저 앉아 있는 것
그림을 감상하듯이 고통을 바라보는 것
우는 아이를 어르듯이 고통을 토닥거리는 것
경청으로 친구를 예우하듯이 고통에게 예우를 다하는 것
귀향을 위해 무기를 내려놓는 병사처럼 고통과의 싸움을 내려놓는 것
깊은 숨을 쉬듯이 고통을 받아들이는 것
지갑에 사진을 넣고 다니듯이 고통을 데리고 다니는 것

수용은 고통에 대한 친절하고 다정한 태도!
마음이 결코 배울 수 없는 자세랍니다.

고통스러운 감정이 들면

우리에게 고통스런 감정이 찾아오면
우리를 보호하려고
경호원인 마음은
이를 막아서지요.

'고통을 느끼면 안 돼, 위험해질 거야.'
'느끼지 말고 눌러.'
느낌이 점점 둔해져요.
살아 있는 느낌마저도…

본래 우리는 자유롭게 느끼는 존재고
느낌은 우리를 안내하는 지팡이와 같은데
지팡이를 버리면
마치 더듬이 없는 신세처럼 되지요.

지금 어디에 있는지
어디로 향하고 있는지
지금 여기에 대한 감각
방향 감각이 실종되기 시작해요.

고통스러운 감정에 마음을 열고 맞이해 봐요.
예우를 갖추고 잘 대접해 주면
그가 들고 온 메시지를 받기도 하고
선물 같은 지혜를 얻기도 한답니다.

고통 감싸안기

고통이 떠오를 때
그것이 마음을 다 차지하도록 내버려두면
마음이 그냥 압도될 수 있어요.

마음챙김의 에너지를 불러내세요.
우선은 고통을 알아차리고
그 다음으로 고통을 돌보는 거예요.

마음챙김은 고통을 알아차린 후에
고통을 감싸안는 것
우는 아기를 돌보는 엄마처럼
자연스럽게 고통을 감싸안아 보세요.

울음에 대한 억압, 비판, 무시가 아니라
고통을 알아차리고 그저 안아 주세요.
감정과 싸우거나 억압하기보다
부드럽게 보듬어 주세요.

엄마가 아기를 감싸안으면
부드러운 에너지가 아기에게 스며들어
아기가 안도하듯이
마음챙김의 호흡과 함께
고통스런 감정을 알아차리고 다독이면

안도감이 찾아듭니다.

한 발 더 나가 감정을 깊이 들여다볼 기회를 얻는다면
고통의 뿌리를 살펴보면서
어떤 습관 속에서 자라게 되었는지 탐구할 수도 있어요.

부드러운 수용과 깊은 관찰을 통해
쓰레기 같은 감정이 비료로 탈바꿈되면
꽃과 열매를 북돋는 비료를 얻듯이
삶에 대한 이해와 지혜
생기와 기쁨이 풍성해질 거예요.

느낌과 친하게

몸과 마음에서 느끼는 것에
문을 열고
관심을 가져 보세요.

느낌은 우리의 동반자
함께 익숙해지면
친구처럼 친해질 수도 있고
지나가는 행인처럼 그냥 스쳐 가기도 하지요.

느낌과 싸우면 힘들고
느낌을 멀리하는 것도 힘이 들어요.
삶이 황량하고 피폐해지기도 하고요.

느낌을 인정해 주고 가까이 하면
친구가 될 수 있고
풍요한 삶으로 우리를 안내하는
길잡이가 될 수도 있답니다.

고통과 함께 앉아서

고통이 아우성을 치면
주의가 그리로 쏠려
시야는 좁아지고
고통은 더 크게 보여요.

고통이 더 크게 보이면
두려움이 따라오고
고통을 없애는 데 마음을 쓰면서
마음 공간은 좁아지죠.

거기 갇힐 것 같아서
벗어나려고 애쓰면
힘들어서 고통은 더 커지고
고통 안에 담긴 선물은 아예 묻혀 버리죠.

자, 고통이 당신의 주의를 끈다면
고통에게로 가까이 가서
옆에 함께 앉아
고통과 부드럽게 이야기 나누듯이
찬찬히 살펴봐 주세요.

고통과 관련된 신체 감각이 있다면
천천히 개방해 볼 수 있을까요?

고통과 관련되어 떠오르는 기억이 있다면
그 경험에서 배울 수 있는 것이 있을까요?

고통과 관련된 생각(비교나 평가, 판단, 걱정)이 있다면
이를 생각으로 볼 수 있을까요?

고통이 당신에게 의미하는 것이 무엇인지
가치와 취약성에 대해 말해 주는 것이 있을까요?

미래에서 이 고통을 뒤돌아본다면
이 고통에서 배우거나 얻을 것이 있을까요?

비슷한 고통을 경험한 사람이 있다면
해 주고 싶은 말이 있을까요?

당신에게 소중한 사람이 이런 고통을 겪고 있다면
어떤 말을 해 줄까요?

고통과 함께할 수 있다면
지금 삶에서 무엇을 달리할 수 있을까요?

고통과 함께 앉아 친절한 대화를 나누듯이
관련 맥락의 다른 경험들을 두루두루 살핀다면
당신의 주의는 넓어지고 보다 넓은 시각으로 확장되어
고통 너머의 지혜와 새로운 삶을 선물처럼 얻게 될 거예요.

II

생각을 알아차리는 길

생각 너머

옳고 그름의 생각 너머에 들판이 있다.
그곳에서 당신과 만나리라.

영혼이 그 풀밭에 누우면
세상은 더없이 충만해 말이 필요 없고
생각, 언어, 심지어 '서로'라는 단어조차
그저 무의미할 뿐.

잘랄루딘 루미

마음이를 아나요?

우리 머릿속에는 슈퍼 바이오컴퓨터가 장착되어 있어요.
거기엔 선조 대대로 쌓인 각종 프로그램들이 깔려 있고요.

다른 이들의 도움 없이는 생존할 수 없는 어린 시절
무리에 속해서 어른들의 보살핌과 도움을 받아야 하는 우리는
그들의 언어를 배우고
그들이 따르는 규칙이나 신념, 살아가는 방식을 거기에 새기게 되었지요.
그들의 사랑과 인정을 받으면서 생존해야 했으니까요.

우리가 자라나 더 큰 사회 속에서 많은 경험들을 하면서
지식, 규칙, 신념들이 거기에 또 쌓였지요.
이제는 어디선가 떠올라서
생각이라는 보이지 않는 신호로 나타나곤 해요.

머릿속에서 생각을 생산하는 이 기계를
마음이라고 부르는데, 이 마음이를 아나요?
마음이는 오늘도 쉬지 않고 생각을 뿜어내요.
오늘을 사는 우리에게 뭐라도 도움을 주고자 일하지요.

그 생각은 불필요할 때에도 튀어나오는데
과거 버전이라 지금 경험에 도움이 되지 않는 것이 많아요.
심지어 지금은 해로운 것도 많고요.
그래도 매 순간 자동적으로 나와서 돌아다니지요.

위험이라고 여기는 단서만 보이면
생각이 더 많이 떠올라 앞을 가리기 일쑤고
집중할 일이 없어 쉬려고 하면
풀려난 오만가지 생각이 이리저리 방황을 하기에
우리는 정신이 없거나 피곤해지기 쉬워요.

마음이를 잘 알고 다루지 않으면
우리는 있지도 않은 고통을 짊어지거나
지나갈 고통을 산더미로 키워서
거기 짓눌리기 쉽지요.

안타깝게도 이 괴로움을 지고 살아가는 운명이
오래전부터 인간의 현주소라는데…
여기서 되돌릴 수 있는 길이 있을까요?

우리가 세상에 갓 태어났을 시절
순진무구의 빈 마음으로 돌릴 수 있는 길
우리가 괴로움에서 해방될 수 있는 길

다행스럽게도 우리는 오래전부터 그 길을 찾아왔고
그 길을 안내해 주는 좋은 소식들이 축적되어 왔어요.
우리는 이 점에서 같은 운명에 처한 인류이니
이제 그 길을 안내받고 함께 걸어 볼까요?

마음이 하는 일

마음이 주로 하는 일은 경보 기능, 주로 경고하는 일을 하지.
마음은 생존의 위협을 탐지하는 기능을 하면서
선조들을 여러 위험에서 보호하는 일을 도왔기에
마음이 떠들어대는 말은 대부분 부정적이라네.

비교, 분석, 평가, 판단, 예측, 걱정, 계획, 이유 대기…
마음이 주로 하는 일이지.
마음은 기분 좋게 느끼도록 돕는 일은 잘 하지 않는다네.

마음은 우리에게 매우 유용하지만
마음이 내는 시끄러운 경보음 속에서 행복하게 살기는 어렵지.
마음이 경고하는 비상 상황에서 살게 되니까

마음은 행복한 시간을 속삭일 수 있는
친구가 아닌 걸 알아차리게나.
이제, 마음과 어떤 관계를 맺는 것이 좋을까?
이는 행복과 불행을 열고 잠그는 열쇠라네.

마음은 경호원

문제를 탐지하고 해결하는 데 유능한 기관인 마음
머릿속에서 계속해서 재잘거리네.

마음은 선조들의 생존 방법을 찾으며 커 왔고
그 덕분에 오늘날 우리가 여기 존재하는 것이지.
그 덕분에 우리는 다음 끼니를 위해 서로를 죽이지 않고
식량을 얻는 방법에 대해 더 이상 걱정할 필요가 없게 되었다네.
이는 좋은 소식!

있지도 않은 문제도 해결하기 위해
마음은 진화된 대로 계속해서 작동한다네.
방법을 찾고 이해하려고 애쓰는 일을 계속 하고
걱정을 만들어 내고, 해결할 수 없는 문제도 해결하려고 노력하지.
이는 나쁜 소식!

문제에 대한 비난 게임은 마음이 매우 잘하는 일
문제에 대해 자주 우리를 비난하지.

마음은 모든 마음들이 하는 일을 하는 것일 뿐
마음이 잘못된 것은 아니니
마음을 고치는 일에 도전할 필요는 없다네.

우리는 마음 없이 살 수는 없지만
마음은 친구라기보다 경호원 같다고 할까?
그와 함께 의미 있고 충만한 삶을 사는 법을 배우는 것이
우리 앞에 놓인 도전이라네.

문제해결사 마음이

당신 머릿속에 있는 마음이를
제3자처럼 대해 보세요.

문제해결사인 마음이에게
그때그때 어울리는 이름을 붙여 주고
그가 나타나면 그 이름을 부르면서
"○○이가 나타났구나." 해 보세요.

마음이가 걱정과 의견을 자꾸 들이민다면
문제해결과 위험 회피를 위해
열심히 일하는 그에게 감사를 보내 주세요.
인정해 주세요.
그는 최선을 다하고 있는 것이니

마음이가 부정적인 재잘거림을 시작한다면
필요 없는 물건을 홍보하는 광고 전화를 받듯이
부드럽게 사양하세요.

누구의 삶인가요?
마음이의 삶인가요?
아니면 당신의 삶인가요?
누가 책임자인가요?

책임자가 최종 선택자
그 의견을 취사선택하지요.
부디 당신이 마음이의 총책임자, 주인이 되세요.

생각 공장

우리 머릿속에는 생각 공장이 있어요
각종 생각들이 하루에도 몇 만 가지나 생산되지요.
공장 기계들이 돌아가는 소음처럼 소란스럽고
어떤 날은 머릿속이 와글와글 시끄럽지요.

과거부터 만들어진 자동 시스템이 돌아가며
새로 들어온 경험과 지식, 개념이나 사회적 규칙들도 들어와서
새로운 회로와 시스템을 계속 만들어요.

생각 공장의 주인인 당신
때때로 공장을 멈추고 쉬는 시간을 가지세요.
생각 공장에서 생산되는 생각들을
공장에서 만들어지는 물건처럼 다루고요.

필요하고 유용한 물건은 취해서 사용하고
불필요하고 유용하지 않은 물건은 분리수거하듯이
생각 처리법을 익혀서 습관으로 만드세요.

유용한 생각은 취해서 사용하거나 간직하고
유용하지 않은 생각은 분리하는 습관을 기르면
생각 공장과 그 생산품인 생각을 잘 관리하는
머릿속 생각 공장의 주인이 될 거예요.

생각이라는 기차

마음이라는 기찻길과
그 위를 달리는 생각이라는 기차

알지 못하는 사이에 우리는 그 기차를 타도록 배웠고
거의 매일 자동적으로 승차하죠.
오늘도 우리는 그 기차를 타고 이리저리 달려요.

생각은 언어로 만들어진 기차
범주화, 추론, 해석, 비교, 평가, 판단, 계획, 예측, 걱정…
그 기차는 문제해결을 위해 달리지요.
우리는 생존을 위해서
생각이라는 기차 없이는 살 수 없게 되었어요.

그 기차는 승차권을 제시하거나
지정된 좌석에 앉아야 하는 규칙 같은 건 없어요.
생각을 믿거나 믿지 않고 행동하는 것이 규칙일 뿐
동의하거나 반대하는 것 모두가 문자 그대로 받는 것
그것이 기차를 탈 수 있는 유일한 규칙이에요.

생각을 맞느냐, 틀리느냐로 보는
그 규칙을 받아들이면 우리는 기차를 타는 것
생각을 문자 그대로 받아들이면
생각이라는 기차에 올라타서

생각에 따라 반응하게 되지요.

기차는 빠르고
유용하기에 계속 달려요.
기차를 멈출 방법은 없지만
기차에서 내릴 방법은 있어요.

어떻게 기차에서 내릴 수 있는지
그 방도를 알려 드릴까요?
규칙을 어기면 기차에서 내릴 수 있답니다.
마음이 설정한 규칙과 조건을 어기면…

규칙을 어긴다는 건 무엇일까요?
생각을 문자 그대로 받지 않는 것
생각에 빠지지 않는 것
생각으로 보지 않는 것
생각에 따라 반응하지 않는 것
생각이 생각임을 아는 것

그러면 그 기차에 타지 않거나 내릴 수 있어요.
삶에서 생각 기차가 유익하지 않을 때
그렇게 내려 보세요.

그 기차를 타고 쉼 없이 달리면 어떻게 될까요?
어디로 향하는 기차인지도 모른 채로 타고 간다면…
당신이 가려는 목적지에 가기 어려울 거예요.

당신이 가고자 하는 방향과 목적지에서 멀어진다면
기차를 타는 것이 유용하지 않으니
기차에서 내리는 것이 좋겠지요.

우리는 묻고 또 물어야 해요.
'언어로 만들어진 이 선로를 달리는 것이 과연 유익한가?'

유익하지 않다면 과감히 내리세요.
필요할 때 내릴 수 있도록
하차 훈련을 해 두시고요.

생각이 만드는 고통

언어의 발명으로 지구를 지배하게 된 우리
언어를 배워 생각하고 협동하며
오랜 세월 진화해 왔지.
언어로 문제를 해결하면서

언어는 생존 문제를 해결하는 우리의 훌륭한 도구
언어로 미래를 계획하고 결과를 비교, 평가하면서
생각 속에서 작업을 할 수 있는
우리는 호모 사피엔스

언어로 이름 붙이면서
그 속성을 생각하고 회상할 수 있게 되었지.
덕분에 기억하고 배우기도 하지만
지나간 경험이 지금, 정신적 고통을 일으킬 수 있다네.

언어로 전후 시간적인 관계를 연결 지으면서
추론하고 예측할 수 있게 되었지.
덕분에 미래를 대비할 수 있기도 하지만
일어나지 않을 수도 있는 일을 상상하면서
지금 정신적 고통을 겪을 수 있다네.

우리는 언어적으로 회상한 과거와
언어적으로 상상한 미래 속에 있고
지금 여기에서 벗어나 살 수도 있는 존재가 되었지.

언어로 비교와 평가를 하면서
이상이나 남과 비교할 수 있게 되었고…
덕분에 더 발전할 수 있도록 노력하게 되지만
끊임없이 비교, 평가를 하면서
수치심이나 불만족, 자책감을 느낄 수 있게 되었다네.

언어적 동물인 우리, 생각하는 갈대인 우리에게는
심리적 고통이 불가피해진 것일세.
생각이 작동하면서 발생하는
심리적 고통을 느끼는 존재가 된 것이지.

우리에게는 그 해독제가 필요하다네.
심리적 고통에서의 해방
자유로운 마음으로 살아가는 길 말일세.

생각은 도구

생각은 우리의 소중한 도구
우리가 유용하게 사용하는 도구

도움이 될 때 사용하는 칼처럼
유용하게 사용하세요.
유용하지 않을 때는 칼집에 잘 넣어 두고요.

도구에게 휘둘리지 말고
도구를 사용하는 주인이 되세요.
함부로 사용하면 고통을 받을 수 있으니

생각을 사용할 땐
유익하고 도움이 되는지
잠시 멈추고 살펴보세요.

우선 생각임을 알아차리고
생각은 도구임을 잊지 말고
잠시 멈춰 서서 질문해 보세요.

"이 생각은 사실인가? 그 근거는 무엇인가?"
"이 생각을 믿는 것이 무엇에 도움이 되나?"
"이 생각이 지금 얼마나 유익한가?"

당신의 관심사에 도움이 되지 않는다면
당신에게 고통을 일으키고, 행동에 장애물이 된다면
그 생각을 그대로 사용하는 것을 멈추고
잘 넣어 두세요. 칼집 속에…

언어적 동물의 고통

우리는 기억할 수 있는 존재
생각으로 과거 사건을 마음속에 불러올 수 있지.
우리는 상상할 수 있는 존재
생각으로 미래의 사건을 마음속에 떠올릴 수 있지.
우리는 추상할 수 있는 존재
생각으로 각종 추상적인 개념들을 짓고 형상화할 수 있지.

레몬즙을 입에 넣는 생각을 해 보라.
신맛이 느껴지는 양 얼굴이 찌푸려지고
침까지 분비되지 않는가!

고통스런 기억을, 나쁜 상상을, 부정적인 개념을 떠올려 보라.
실제로 고통이 느껴지지 않는가!
진짜인 양

언어를 사용해서 생각하는 우리의 능력 덕분이라네.
이는 양날의 검과 같아서
잘 사용하면 훌륭한 도구
잘못 사용하면 우리 자신을 찌를 수도 있는 도구지.

그 역기능을 아예 없애기는 어렵다네.
언어를 잃어버리면 가능할까만
비언어적인 동물로 되돌아가기는 어렵지.

물론 임시방편은 있지만
알콜, 약물, 강박행동, 해리 등으로 잠시뿐
잇따르는 대가는 상당하다네.

언어적 동물인 그대
생각하는 갈대인 그대여
양날의 칼 같은 언어로 생산되는
생각에 대해 주의하고
온 마음으로 깨어서 이를 지켜보라!

생각 생산 기계

우리의 두개골 안에는
아침부터 밤까지
생각을 생산하는 기계가 있어요.
우리가 마음이라고 부르는 그것

마음이 하는 일은
우리를 위험으로부터 보호하는 일
우리의 생존을 돕는 일이에요.

끊임없이 사건들을 범주화해서
과거 분석과 미래 예측과 연관 짓고
행동 결과나 예상 결과들을 평가하면서
그 일을 해내지요.

마음은 이렇게 10만 년을 진화해 왔기에
이 장치를 쉽게 중단하기는 어려워요.
생각 생산을 멈추기 어렵고,
게다가 의도적으로 멈추기는 더 불가능하지요.
의도가 생기면
"생각하지 마."라는 생각을 만들어 내니까요.

이 기계는 계속해서 생각을 생산하고 있으니
생각이 생산되는 걸 그저 알아차려 보세요.
숨을 쉬거나 눈을 깜빡거리는 걸
가끔씩 알아차리듯이

팝콘처럼 튀어나오고
새떼처럼 날아가는 생각을
순간순간 알아차릴 수 있다면
거기 빠져 허우적거리는 걸 멈출 수 있어요.

주로 나쁜 소식을 전하는 뉴스를 대하듯이
생각 생산 기계를 지켜보면서
정신없이 지배되지 말고
정신 차리고 주인이 되세요.

생각이 일으키는 심리적 고통에서 해방되어
위험을 방어하는 행동에만 매여 살지 않고
현재를 충만히 느끼면서
가슴이 향하는 방향으로 생기 있게 살 수 있도록…

생각의 바다에서

우리는 바다 물속에서 헤엄치는 물고기처럼
생각의 바다에서 살고 있어요.

물고기는 자신이 물속에 있다는 것을 알고 있을까요?
물고기는 물속에 깊이 빠져 살기에
자신이 물속에 있음을 자각하기 어려울 거예요.

물고기는 물 바깥에서 살기 어렵겠지요?
물고기가 물 위로 뛰어올랐을 때에는
자신이 물속에서 산다는 것을 알까요?

생각은 우리에게 바닷물과 같아요.
물속에서 사는 물고기처럼
우리는 생각 속에서 살기에
생각 속을 헤엄치는 것은 자연스러운 일이지요.

우리는 생각 바깥에서 살 수 있을까요?
잠시라도 생각 바깥으로 나올 수 있을까요?
다행히 우리는 생각 바깥에서 생각을 볼 수 있고
생각 속에서 있다는 걸 알아차릴 수 있어요.

생각 속과 생각 바깥을 자유로이 넘나드는 자유
그 날개를 펴고 비상을 연습하면
생각에서 해방된, 자유로운 마음으로
생각의 안팎을 넘나들며 유연하게 살 수 있지요.

생각이라는 렌즈

지금 무슨 생각을 하고 있나요?

생각은 언어나 이미지로 구성되어 있고
언어나 이미지는 무언가를 지칭하고 있어요.
이는 실재와 동일한 것 같은 착각을 일으키지요.

침 뱉는 것에 대해 혐오스럽다고 생각하는 경우에는
받아 둔 침을 꿀꺽꿀꺽 마시는 생각만 해도
혐오감이 들고 눈살이 찌푸려져요.
실제로는 패트 병만큼의 침을 종일 잘 삼키고 있건만
생각이라는 렌즈로 보면 그렇게 되지요.

마치 안경이나 렌즈로 보면
빨간 렌즈로는 세상이 빨갛게 보이고
파란 렌즈로는 세상이 파랗게 보이듯이
언어를 배운 이후에 우리는
점차 생각으로 세상을 보기 시작해요.
언어가 갖는 기능 때문에 누구나 예외 없이

우리가 언어를 모르는
갓난아이로 되돌아갈 수는 없지만
이제는 생각이라는 렌즈를 통해 본다는 것을
알아차리는 것이 필요해요.

생각은 생존에 필요해서 낀 렌즈지만
인생은 생존만 있는 것이 아니지요.
생존에 집착된 협소한 마음으로는 자유롭지 못해요.
무언가에 쫓기듯이 살고
지금 여기의 행복을 누리기가 어려워져요.

이제 렌즈로 보는 걸음을 멈추고 가만히
생각이라는 렌즈를 알아차려 보세요.
가끔은 생존 모드의 렌즈를 벗고
있는 그대로의 경험에 문을 활짝 열어 보고요.

신선한 바람이 들어오듯이
당신의 맑은 창으로 현존의 생기가 들어오고
자연의 생명에 깃드는
풍요로운 공간이 마련되도록…

오래된 생각

당신에게 자주 찾아오는 생각들을 살펴보세요.
특히 고통을 일으키는 생각이라면…

얼마나 익숙한지
얼마나 오래되었는지
시작되면 자동적으로 돌아가는 생각들

무의식에 심겨진 생각
오래되고 익숙해진 생각
과거 어느 시점부터 습관적으로 돌아가는 옛이야기들
자동적으로 떠오르지요.

당신의 역사를 반영하는 것일 수는 있지만
고대 문서처럼
그 맥락에서 새겨진 말이지요.

지금, 여기 맥락과 동떨어질수록
살아가는 데 유용하지 않고
오히려 삶을 방해하는 장애물이 된다면
당신에게 고통을 더하겠지요.

괜찮아요.
그 고통을 신호 삼아
묵은 옛 생각들을 알아차려 보세요.
고대 문서처럼 꽂아 두면 되니까

지금, 여기 맥락에 주의를 기울이고
잘 살아가는 데 관심을 더 기울인다면
새로운 경험이 쌓이고 기록되면서
오래된 생각들은 잠잠히
점차 깊숙이 묻히게 될 거예요.

삭제 버튼이 없어요

머릿속에 지우개가 있다면
지우고 싶은 쓰디쓴 기억

머릿속에 빗자루가 있다면
쓸어 내고 싶은 나쁜 생각

머릿속에 걸레가 있다면
닦아 내고 싶은 해로운 생각

의식 아래 숨어서 머무르다가
거미줄 같은 연결망 어딘가로
방아쇠가 당겨지면 되살아나고
도로 떠오르고 다시 일어나는

우리의 신경계에는 삭제 버튼이 없어서 그래요
우리의 정신 네트워크는
그 속에 한번 입력되고 나면
경험 데이터로 저장되고
그 위에 계속 저장될 뿐이라서

이 마음의 작동이 잘못은 아니니
삭제하려고 굳이 애쓰거나
삭제되지 않는다고 자책하지 마세요.
삭제 버튼이 없는 시스템인 것을 알면
생각을 없애려고 씨름할 필요가 없지요.

계속되는 삶의 경험에 문을 열고
새로운 경험이 들어오도록 허용한다면
옛 생각이 새로운 생각으로 덮일 거예요.
유용한 생각에 주의를 기울이면
해롭고 나쁜 생각이 힘을 얻지 못하고요.

우리에겐 그 방도가 더 유익하지요.

내부 독재자

우리 안에서 재잘대는
소란스런 목소리를 아나요?
마음속 문제해결 규칙 제정자

'이렇게 해라, 저렇게 해라
이렇게 하지 마라, 저렇게 하지 마라
그렇게 하면 안 되지
똑똑하군, 성실하군, 약해 빠졌어, 멍청한 놈
큰일 날 거야, 희망이 없어, 무능력해, 무가치해.'

그 명령이나 비판에 심각하게 매이거나 믿으면
자기혐오, 수치심, 죄책감, 우울, 불안 등
심리적 고통이 엄습하고 삶이 막힐 수 있어요.

그 목소리를 제대로 길들이는 법을 배우지 않고
우리를 좌지우지하게 내버려두면
그것은 독재자가 되고 우리는 그 목소리 안으로
실종되거나 지배를 받게 되지요.

그 목소리는 자신의 목소리도 아니고
생각일 뿐, 실재가 아닌데
우리가 그 목소리에 집중할수록
내부 독재자에게 힘을 실어 주게 되지요.
그가 우리를 지배하도록 허용하는 셈이니 주의하세요.

그 목소리가 어디서 나오는지
무슨 소리를 하는지는
우리가 선택할 수 없지만
그 생각을 따를 것인지, 무엇에 집중할지는
우리가 선택할 수 있어요.

그 목소리가 일단 생각이라는 걸 알면
그 목소리가 말하는 것에서 살짝 비껴 나와서
우리에게 유익한 것을 취할 수 있는 자유가 생기지요.

독재자에게 "고마워, 내가 알아서 할게."라 말하고
이제 내부 독재자의 지배에서 해방된
자유로운 마음으로 살아가는 길로 발을 내딛어 보세요.

마음의 방식

지금 앉고 싶고, 의자가 필요할 때
마음은 의자에 대해 상세히 설명을 해요.
"금속틀에 나무를 이어 만든, 등받이가 있고 손잡이가 달린 단단한 의자"

자, 의자에 대한 설명에 앉을 수 있나요?
아니요.

마음은 다시…
"그 의자는 디자인이 근사하고, 모양과 색이 멋지다."

자, 이제 앉을 수 있나요?
아니요.

더 자세히 설명하지 못해서 그런가요?
의자에 대해 원자 수준에 이르기까지 아주 자세히 기술한다면
거기에 앉을 수 있을까요?

마음은 이런 방식이지요.

마음은 이렇게 말해요.
"세상은 이런 식이고, 저런 식이다."
"네 문제는 이렇고 저렇다."
설명하고, 평가하고, 판단하고, 비교하고…

마음이 내놓는 생각에 우리는 피곤해져요.

우리는 앉을 곳이 필요한데
마음은 정교한 설명이나 분석, 판단을 내놓지요.
의자에 대한 생각을…

우리가 지금 여기서 필요한 건
의자를 실제로 경험하는 것이지
그 의자에 대한 생각이 아닌데…

실재를 경험하는 것과 실재에 대한 생각은 분명히 다르지요.
마음은 경험에 대해 생각하지, 경험을 주지는 못해요.
마음이 재잘대는 동안 얼른
앉을 장소를 찾아서 앉는 경험을 하는 게 나을 거예요.

이처럼 인지 기능인 마음과 실제 경험은 구별이 되지요.
수영하는 법과 수영하기
나에 대한 생각(개념)과 나(존재)가 다른 것처럼

마음은 경험이 아닌데, 둘을 혼동하기 쉬워요.
마음은 자극 기능을 하기 때문에
생각을 경험과 동일시하는 경우가 흔히 생기지요.

마음이 작용한 것은
실재 경험이 아니고
실재에 대한 생각일 뿐이에요.

이 둘을 구별하는 것은
마음을 가진 인간에게 중요해졌어요.
자, 이제부터는 정신을 차리고 구분해 보세요.

색안경을 벗고 보니

언제부턴가 세상이 붉은색으로 보였어요.
점점 익숙해져서
세상이 붉은빛인 줄 알고 한동안 지냈는데…

어느 날 어떤 충격, 어떤 배움으로
안경이 살짝 벗겨지는 일을 겪으면서
붉은 색안경을 쓰고 있다는 걸 알게 되었어요.

색안경을 벗어 손바닥에 놓고 보니
세상이 붉은 게 아니라
색안경이 붉은색이네요.

색안경을 벗고서 보니 형형색색으로 눈부셔요.
오히려 낯설기도 했지만
있는 그대로 보는 법을 익히기 시작했어요.

세상 빛이 너무 강렬할 때
잠시 보호를 위해 색안경이 필요할 때도 있겠지만
이제는 제대로 보기 위해

색안경으로 보고 있다는 걸 알아차리려고 해요.
필요하다면 여러 가지 색안경도 써 보고
색안경을 벗어 두는 연습도 하기 시작했어요.

개인적인 프로그램과 인생 규칙

어린 시절에 정서적으로 고통스러웠던 사건이 있나요?
이 사건이 당신에게 미친 영향이 있을까요?

세상이 돌아가는 방식에 대해서 갖게 된 결론
자신에 대해서 내리게 된 생각
이 경험을 바탕으로 생긴 규칙

이들은 고통스런 사건과 연관되어 깔린
일종의 개인적인 프로그램이에요.
우리가 살아가는 데 필요한 지침으로 작동하지요.

삶의 어떤 상황에서 유용해서 습득했거나
누군가에게서 배운 것이지만
우리 자신과 인생 자체를 보는 시각에 영향을 미쳐서
절대적 진리처럼 여기면 우리의 유연성을 떨어뜨려요.

우리가 갖게 된 개인적인 프로그램이나 인생 규칙을 알아차려 보세요.

개인사에서 깔린 프로그램이나
자신과 타인, 대인관계, 감정이나 장애물에 대해
어떻게 해야 한다는 여러 가지 삶의 규칙들을…

알아차리고 나면
지금 상황과 삶의 가치에 도움이 될 때만
구동을 선택하세요. 로그인!
도움이 되지 않을 때는 수동으로 끄세요. 로그아웃!

개인적인 프로그램의 영향

과거로 돌아가거나 과거를 되돌릴 수는 없지만 우리는
과거로부터 축적해 온 개인적인 프로그램의 영향권 아래 살기 쉬워요.
과거가 현재에 영향을 미치는 것이지요.

어린 시절 아이가 화를 낼 때
"넌 성격이 고약해."라는 말을 많이 들었다면
여전히 똑같은 소리를 내는 프로그램이 작동할 수 있어요.

우리 대부분은 그런 프로그램 안에서 살아가는데
그것이 프로그램이라는 사실을 알지 못한 채로
여전히 영향을 받고 산다면 해로울 수 있지요.

과거 역사적 사건들은 일어났던 맥락이 있는데
이를 확인하지 못한 채로
프로그램의 작동으로 일어나는 생각을 항상 믿으며 살기 쉽고

그 당시에 들은 고약하다는 평가는 누군가의 평가일 뿐인데
사실이 아닌 하나의 관점을 사실로 믿어 버리거나
다른 맥락에서는 화를 내지 않는 진실도 있건만 모두 가려져요.

말로 입력된 프로그램이 내는 소리들
어떤 때는 유용할 수 있고
다른 때는 유용하지 않을 수 있는 소음

프로그램이 자꾸 자동으로 구동된다면
전체 맥락을 놓치지 않도록 잘 살펴보고
지금은 유용한지 늘 분별하세요.

유용하지 않다면 프로그램을 수동으로 끄시고요.

생각하지 말라

○○을 좋아하면 상처받으니까
'○○을 생각하지 말자'고 결심했는데
○○가 더 어른 거려요.

언어가 하는 일이 그래요.
그 결심에 담긴 ○○이란 말이
○○을 떠올리는 것이지요.

○○ 생각은 나쁘니까
'○○ 생각을 하지 말라'는 명령을 했는데
○○ 생각이 계속 머릿속을 스쳐요.

언어가 하는 일이 그래요.
그 명령문 안에 있는 '○○ 생각'이란 말이
'○○ 생각'을 떠올리는 것이지요.

○○은 해로우니까
'○○을 먹지 말자'고 다짐했는데
○○이 자꾸 머릿속에 맴돌아요.

언어가 하는 일이 그래요.
그 다짐 속에 있는 ○○이란 말이
○○을 떠올리는 것이지요.

결심, 명령, 다짐 모두 언어로 이루어진 생각이라서
언어가 가리키는 그것이 머릿속에
충실히 떠올라요.

생각하지 말라는 말이 그 생각을 떠올리니
생각하지 말라는 말은 소용이 없고
오히려 생각만 더 불러오네요.

생각을 안 하려고 하면

어느 날 일하다가 ○○ 생각이 났다.

"○○을 생각하면 안 되는데."라고 생각하자
○○ 생각이 또 스친다.

"○○ 생각하지 말라."라고 명령하니
○○ 생각이 또 온다.

"○○ 생각하지 말아야지."라고 결심하니
○○ 생각이 다시 떠오른다.

"○○ 생각을 안 하려면 다른 걸 해야겠다." 하니
또 ○○ 생각이 든다.

"안 되겠다. 잠시 놀아야지." 하고
다른 데 집중하니 잠시 생각이 나지 않는다.

한참 놀았더니 "너무 놀았다."라는 생각이 들면서
죄책감이 따라온다.

"○○ 생각 안 하려고 놀았지."라고 이유를 대니
○○ 생각이 다시 나기 시작한다.

○○ 생각 때문에 일도 제대로 못하고
종일 그것과 싸우고 씨름하느라 지치고 힘이 빠진다.

○○ 생각이 무찔러야 할 적이 되어 버리고
매번 패배하는 느낌이 든다.

무엇이 문제일까?
생각을 문제로 보고 해결하려다가 생긴 문제

○○ 생각을 하지 않으려는 말 속에 ○○가 있으니
○○이 생각날 수밖에 없는 것이다.

문제 속에 답이 있다.

언어의 트릭

언어에는 우리에게 혼동을 주는 트릭이 있다는 걸 아나요?
언어에는 심리적인 씨름을 하게 만드는 과정이 있고
거기서 빠져나오는 법을 배우는 게 필요해요.

우리는 언어로 명명하고 기술해요.
말한 형태나 속성대로 사물이 존재해야
말로 서로 소통할 수 있으니까요.

어떤 것을 말로 기술하면
전체 형태가 변하기 전까지는
그 말도 변하지 않지요.
맘대로 바뀌면 소통하기 어려우니까요.

이렇다 보니
미묘한 차이를 간과하게 되어
우리는 일반화의 오류에 빠지기 쉬워요.

언어에는 다른 차원의 말도 있어요.
컵은 컵, 플라스틱은 플라스틱
플라스틱 컵은 플라스틱 컵인데
좋은 컵, 나쁜 컵은 좀 달라요.

두 차원이 같은 정보를 주는 듯 보이고
언어상으로는 차이가 구별되지 않지만

"플라스틱"은 컵이라는 형태의 속성을 가리키는 말이고
그것이 달라질 때까지는 그 말은 바뀌지 않지요.

좋은 컵은 어떤가요?
같은 컵을 보고 "좋은 컵"이라고 말하는 사람이 있고
"나쁜 컵"이라고 말하는 사람도 있어요.
'좋다'는 평가를 하는 사람이 없으면 좋은 컵은 없어지고
'나쁘다'는 평가를 하는 사람이 있으면 나쁜 컵으로 바뀌지요.

"좋다"는 평가, 판단이에요.
그것은 컵의 속성이 아니라
컵에 대한 관점, 견해이기에
관점에 따라 여러 가지로 바뀔 수 있지요.

플라스틱 컵은 플라스틱이 맞고, 도자기는 틀리지만
좋거나 나쁘다는 말은 관점에 따라 달라지고
고정된 것이 아니니까 맞고 틀림이 없지요.

언어에 따라 이런 차이가 있다는 걸 구별할 수 있나요?
그렇지 못하면
말 그대로 존재의 형태나 속성으로 착각하는 함정에 빠져들고
맞다, 틀리다의 싸움에 걸려들기 쉬워요.

이제, 이 같은 언어의 차원을 알아차리고 분별해 내세요.
언어가 주는 착란에서 벗어나고
심리적인 투쟁에 걸려들지 않도록…

생각에 대한 질문

머릿속에 있는 생각 생산 기계에서
하루에도 오만가지 생각이 생산된다는데…

머릿속에서 생각들이 웅성거리나요?
파리처럼 이리저리 옮겨 다니나요?
메뚜기같이 널뛰는 생각을 붙잡을 수 있나요?
아님 내가 생각에 붙들리나요?

그것이 생각임을 알아볼 수 있을까요?
생각을 볼 수 있는 거리가 있나요?

생각의 내용은 무엇인가요?
그 내용이 사실인 것처럼 보이나요?
그 생각을 어느 정도 믿나요?

그 생각에 자꾸 얽혀 들어 휩쓸려 가나요?
그 생각이 말하는 바가 진짜같이 느껴지나요?
그 생각의 내용을 나 자신과 동일시하나요?

그 생각을 믿는 것이 자신에게 유익한가요?
그 생각을 놓아 버리는 것이 유익하다면, 놓아 버릴 수 있을까요?

그 생각을 믿는 것이 도움이 되지 않는다면
생각에서 빠져나올 수 있을까요?
생각에 두던 주의를 다른 데로 돌릴 수 있을까요?
어디로 돌리는 것이 쉬울까요?
흘러가는 저 구름을 보는 건 어떨까요?

생각의 종인가, 주인인가

당신은
생각을 부리는 주인인가요?
생각의 부림을 받는 종인가요?

노예처럼 생각에 따라 움직이나요?
주인처럼 생각을 잘 활용하고 관리하나요?

각종 생각으로 자동 조종을 받는다면
본래 우리는 생각의 주인이니
주인 자리를 확보하세요.

생각의 주인이 되는 3단계를 알려 드릴까요?
우선, 머릿속에서 생각이 생성될 때
그것이 생각인 것을 알아차리세요.

그 다음에는
그 생각이 당신에게 유익한지 아닌지를 분별해 보세요.

그 다음으로는
도움이 되고 유익을 주는 생각이라면, 취해서 활용하고
무익한 것이라면, 그냥 놓아 버리거나 관심을 주지 마세요.

도움이 되지 않고 해로운 생각이라면, 분리수거하세요.
생각을 종이에 적어 쓰레기통에 넣어 버려도 좋아요.

생각과 거리 만들기

생각이 아주 익숙하고 오래되고 자동적인 느낌이라면
생각 속에 갇혀서 길이 잘 안 보이고 답답하다면
생각에 함몰되어 외부 세계가 사라진다면
비교, 평가, 판단을 하면서 이리저리 떠돈다면
정신이 없고 다른 데, 다른 때에 가 있다면
옳고 그름에 매여 있다면
자기 책망이나 규칙, 명령이 들어간 씨름에 빠져 있다면
마음이 바쁘고 정신없거나 혼란스럽다면

생각에 빠져들었다는 신호예요.

이 신호를 바로 알아차리면
보다 빠르게 빠져나와
생각과 분리되고 간격을 둘 수 있을 거예요.

생각이 감정적 고통을 일으킨다면
생각에 사로잡혀서 원하는 일을 할 수가 없다면
도움이 되지 않을 정도로 지나치게 생각한다면
생각과 힘겹게 투쟁한다면
어떤 생각을 하는 자신에게 화가 난다면
생각에 얽혀 들어간다면
생각을 놓아 버리고 싶은데, 놓아 버리는 게 힘들다면

생각을 바라봄으로써 거리를 만들어 보세요.

생각을 물체처럼 앞에 놓고 대상으로 관찰해 보세요.

생각을 목소리로 크게 말해 보세요.
장난스러운 캐릭터 목소리도 좋아요.

생각에 음률을 넣어 노래 불러 보세요.

생각을 카드에 적은 후에 필요할 때만 사용하는 카드처럼
주머니나 지갑에 넣고 다니세요.

생각을 손바닥에 적는 상상을 하고
그 손을 얼굴에서 멀리 뻗어서 보세요.

생각을 쪽지에 적어서
생각 쓰레기통을 만들어 그 속에 놓으세요.

생각에 꼬리표를 붙여 보세요

생각에 빠져 휩쓸리지 않기를…
현재에서 멀어지고
원하는 삶에서 멀어지고
생각이 만드는 고통이 밀려올 수 있으니까요.

생각이 스칠 때
생각 속으로 들어가기 시작할 때
생각 속에 빠진 걸 알았을 때

꽃에 앉은 나비를 잡듯이
생각을 살짝 잡아서
꼬리표를 붙여 보세요.
"…라는 생각"

"오늘 밀린 일을 해야 해."라는 생각이 들 때
"오늘 밀린 일을 해야 해라는 생각이 들었네."

생각에게 더 자세한 이름을 붙인 꼬리표를 달아도 좋아요.

"내일 시험을 잘 못 볼 것 같다."라는 생각이 들 때
"내일 시험을 잘 못 볼 것 같다는 걱정이 올라오는군."

"저 사람은 이기적이야."라는 생각이 들 때

“저 사람은 이기적이라는 판단이 스쳤네.”

“내가 이렇게 말하면 저 사람이 싫어할 거야.”라는 생각이 들 때
“내가 이렇게 말하면 저 사람이 싫어할 거라는 추측이 드는군.”

“나는 실력이 형편없어.”라는 생각이 들 때
“나는 실력이 형편없어라는평가가 떠오르네.”

생각에 꼬리표를 붙이면, 어떤가요?
어떤 효과가 있나요?

그것이 생각임을 인식하게 되고
생각에서 분리되어 거리가 생기니
내용에 덜 얽혀 들어가게 되지요.

생각에 꼬리표를 붙여 보면서
그 효과를 경험해 보세요.

차라리 하늘에 떠가는 저 구름을 보겠어

불행한 생각에 자꾸 집중하느니
차라리 하늘에 떠가는 저 구름을 쳐다보겠어.

해로운 생각을 자꾸 믿느니
차라리 좋은 생각이나 행복한 이야기를 믿겠어.

도움이 되지 않는 생각을 자꾸 쥐고 있느니
차라리 도움이 되는 생각을 골라서 붙잡겠어.

생각 속에 빠져 사느니
차라리 하늘에 떠가는 저 구름을 보며 살겠어.

말이 주는 상처에 갇혀 있다면

누군가에게 들은 말이
비수처럼 꽂혀서 상처가 된다면
스스로 씨름하며 생각하는 말이
계속해서 당신을 찌른다면

일단 아픈 마음을 어루만지며
실체를 잘 보아요, 그 말이 무엇을 가리키는지…
그게 다른 사람의 말이든
스스로에게 던진 말이든
일단 말인 건 분명해요.

말은 무얼 가리키는 손가락
그 말은 무얼 가리키는 걸까요?
어떤 맥락에서 나온 말일 텐데
사실의 차원은 무엇일까요?

물론 그 말은 말을 한 사람과 관련되지요.
그 사람의 신념, 가치, 판단, 혹은 감정과…
우리가 다 알 수 없는 상대방의 마음에서 나온 건 분명해요.

그 말이 사실인가요?
그 사람의 판단이나 견해라면
사실의 차원은 아니지요.

그 말을 곱씹다가 해석이나 추측이 덧붙어
자신에게 칼날이 되게 한 건 아닌가요?
그것이 자신에게 유익한가요?

그 말이 곧 나일까요?
나라는 존재가 그 말 하나에 국한될까요?
그 말이 사실이 아니라면 내게 유익한가요?

잘 살펴보면
사실도 아니고, 나도 아니고, 유익하지도 않은 말을
믿거나 반추할 필요가 있을까요?
굳이 마음에 담아 둘 필요가 있을까요?
무엇에 좋을까요?

일단 그것이 실재가 아니라 말이란 걸 알아차려 보세요.
그 말을 붙잡지 말고 가만히 놓아두세요.
생각 회로에서 지금 여기로 나오세요.
유익한 데로 주의를 돌리거나 주의를 넓히세요.
전체 맥락을 찬찬히 살펴보거나 가치를 두는 행동에 전념하면 좋고요.

그러면 말의 주문에서 풀려나게 될 거예요.

고통받는 생각을 장난스럽게

머릿속에 있는 말 기계에서 나오는
생각으로 고통을 받는다면
그 생각을 말로 소리 내 보세요.

"나는 쓸모없는 사람이야."
"나는 무능하고 무가치해."
"나는 나쁜 사람이야."
"끔찍한 일이 벌어질 거야."
"결과가 최악일 거야."

우스꽝스럽게, 장난스럽게 소리를 내 보세요.

아주 빠르게, 아주 느리게, 저음으로, 고음으로
아주 크게, 아주 작게
힘찬 목소리로, 기운 빠진 목소리로
개그맨의 목소리로
노래 가락에 맞춰서 재미나게 불러 보세요.

부정적인 머릿속 혼잣말을 가지고
나쁜 소식만 전하는 라디오 프로그램 진행자처럼
계속 보도해 보세요.

말 기계가 만든 생각은
가상 세계에서 벌어지는
소설 속 사건이란 걸
깜빡 알아차릴 때까지…

심각함에서 김이 빠지고
웃음이 나올 때까지…

III

주의를 현재에 두는 길

나는 내가 주의를 기울이기로 동의한 그것을 경험한다.

월리엄 제임스 ('심리학의 원리' 중에서)

한 알의 모래에서 세계를 보고
한 송이 들꽃에서 천국을 보려면
그대 손안에 무한을 쥐고
찰나 속에서 영원을 보라.

월리엄 블레이크 ('순수의 전조' 중에서)

마음의 평화 기술

평상시 우리의 마음은 방황을 해요.
우리가 어딘가에 집중하지 않고 있을 때
디폴트 모드 신경망이 자동적으로 활성화된다지요.

마음은 여기를 벗어나서 여기저기를 떠돌며
서로 모순되고 불일치한 채로 오락가락
정신없이 돌아다녀요.
메뚜기처럼 이리저리 무관한 생각들로 옮겨 뛰지요.

한쪽에는 악마가, 다른 쪽에는 천사가 말다툼하듯이
온갖 논쟁과 공상이 난무해요.
생각 공장에서 피어나는 매연으로
마음 공간이 혼탁해지기도 하고요.

너무 놀라지는 마세요.
방황하는 마음은 인간이라는 표시이니
걱정 마세요.
방황하는 마음에 평화를 가져오는 길이 있으니

마음을 지켜보는 열린 의식은
마음을 고요하게
디폴트 모드 신경망을 진정시켜요.

의도적으로 현재 일어나는 것에
그저 주의를 기울이는 마음 훈련은
마음의 평화 기술

마음을 현재에 머무르게 훈련하고
실재하는 효과적인 것에 집중함으로써
고요한 마음이 자리를 잡게 하지요.

널뛰는 자동적인 마음에 낚이지 않는
자유로운 마음을 위해
마음의 평화 기술을 연습해 보세요.

주의를 현재로

우리는 주의가 있는 곳에서 삽니다.
주의가 과거에 가 있으면 과거에 갇히고
주의가 미래로 가 있으면 미래를 헤매고
과거나 미래에게 붙들리지요.

과거나 미래는 지금 존재하지 않는 시간
우리가 거기에 주의를 온통 기울인다면
과거나 미래가 우리를 지배해 버릴 수 있어요.
더 이상 거기에 매달리지 않으면
더 이상 지배하지 못하지요.

과거나 미래는 허깨비
진실이 빛처럼 밝아 오면
그 힘을 잃어요.

과거나 미래에게 생명력을 빼앗기지 마세요.
자칫 지금 여기는 빈털터리 알거지가 되어
현재를 파산할 수 있으니

우리가 살 수 있는 곳은 지금뿐
주의가 현재에 머물러 있을 때
모든 생명력이 우리에게 깃들어요.

자꾸 벗나가는 주의를 거듭
현재 순간으로 돌리세요.
모든 생명력은 현재 순간에서 오는 법이니
현재 순간을 온전히 사세요.

주의는 앎과 기쁨의 비결
주의를 잘 사용하는 것이 지혜와 환희의 비결이에요.
생기 있는 생명력이 방출되지요.

마음을 추적해 보세요

시간을 나누어 선 위에 표시해 보면
먼 과거, 가까운 과거, 현재, 가까운 미래, 먼 미래

생각과 감정이 일어날 때
그 마음과 연관된 시점을 알아차려 보세요.
해당 시간선상의 지점을 가리켜 보세요.
시간상으로 어디에 놓이는지

알아차리는 것은 의식이 하는 일
알아차리는 동안에 우리는
현재로 돌아옵니다.

마음이 이리저리 표류할 때
표류하는 것을 알아차리고
마음을 시간상으로 추적해 보면
우리는 현재로 돌아오게 됩니다.

마음이 우리를 현재에서 벗어나게 할 때
마음에서 나와 현재로 돌아오도록
알아차림이 도와줄 것이니

시간선상을 따라
마음을 추적해 보세요.

손전등

의식은 손전등 불빛
그 빛으로
만사를 알아차린다.

손전등을 움직여 비추면
어둠에 묻힌 실재가 드러나듯이
주의를 기울여 의식하면 실재가 나타난다.
손전등을 비추어서 보듯이
주의를 기울이면 인식의 불이 켜진다.

필요에 따라 주의를 유동적으로 기울이면
필요한 것들을 잘 인식할 수 있으니
유연한 주의 훈련을 하자.

마음의 자동적인 조종에 매여
현재에서 벗어나 이리저리 방황하며
삶의 에너지를 허비하지 않도록…
흐르는 실재 속에서 주의를 자유로이 사용하는
의식의 주인이 되자.

방 탈출 게임

마음이 갑갑하고
삶은 막히고
어딘가에 갇힌 느낌을 받을 때

마치 방 탈출 게임 방에서
열심히 실마리를 찾아 퍼즐을 풀며
방을 탈출하려고 안간힘을 쓰는 것처럼
버둥거리고 있을 때

문제를 풀지 못하면 갇힌 방에서
절대 빠져나올 수 없다는
방 탈출 게임의 규칙을 따르고 있는지 돌아보세요.

혹시 마음의 방 탈출 방에 갇히고
그 규칙 속에 갇혀서 힘든 건 아닌지요?
만일 그 규칙을 진짜처럼 심각하게 믿는다면
게임은 재미가 아니라 불안의 도가니가 되겠지요.

마음이 심각하게 방 탈출 게임을 하고 있다면,
방 탈출 게임의 규칙을 재미나게 받아들이듯이
문제를 풀어야만 빠져나갈 수 있다는 규칙을
장난스럽게 가벼이 받으세요.

그건 게임의 규칙일 뿐
실제로는 그와 달리
방을 그냥 나갈 수 있다는 걸 잊지 마세요.

문제를 풀어야 살 수 있다고
마음이 자꾸 말하더라도
진짜처럼 심각하게 받지 마세요.

방 탈출 게임을 하듯이
삶을 신나게 경험하세요.
삶은 풀어야 할 문제가 아니라
경험하고 또 경험하는 지금, 여기의 실존이에요.

타임머신

우리는 현재를 떠나 과거를 시간 여행할 수 있어요.
과거로 돌아가 과오를 고치고
아픈 경험을 바꾸고 싶어서
좋지 않았던 지난 경험들을 곱씹어요.
후회와 자책의 매연을 풍기며
그 속에서 눈과 코가 오염되면서

우리는 현재를 떠나 미래를 시간 여행할 수 있어요.
알 수 없는 미래를 걱정하고
바라는 환상을 붙들며
두려움과 불안에 휩쓸리고
보호책과 방어막 마련에 안간힘을 쓰며
그 속에 갇혀 허우적대면서

우리는 마음이 현재에 있지 않고
꿈속처럼 종작없이
과거나 미래를 떠돌게 만들 수 있어요.

타임머신처럼
마음은 언제든 다른 시간으로 이동할 수 있지요.
지금 여기에서 벗어나는 데 연료를 사용하면서

과거의 행복한 추억에 매달려 있거나
과거의 불쾌한 기억들에 사로잡히면

현재는 실종되고

미래의 행복한 사건을 기대하며 부풀거나
미래 걱정과 대비에 마음 쓰면서
현재 순간에서 벗어나면

우리의 현재는 파산 상태
지금 여기는
알거지 신세가 되지요.

마음은 타임머신 기능이 있어
언제나 시간 여행을 할 수 있으니
과거나 미래에 가 있는 주의를
현재 순간으로 돌리는 운전 연습을 하세요.

마음속에
지나간 장면이 재상영 되고 있을 때
주의를 현재로 돌리고
아직 오지 않은 장면이 리허설되고 있을 때
주의를 현재로 운전해 보세요.

과거는 지나갔고, 미래는 오지 않았으며
우리가 살 수 있는 시간은 오직 현재뿐이니
마음이 현재에 돌아오도록 운전 연습을 해 보세요.

주의가 현재에서 벗어나면
에너지도 빠져나가고

생명력은 떨어지며
일상은 따분해져요.

우리는 주의가 있는 곳에서 사는 존재
주의는 기쁨의 비결이니
주의를 온전히 현재로 돌리면
보다 충만하게 살 수 있어요.

마음이 현재에 머물러 있으면
생명력 복원의 길이 보일 것이니
자꾸 벗어나는 주의를
되찾아오는 능력을 기르세요.

우리가 존재하는 것은 현재뿐이니
에너지와 생명력을 여기서 사용할 수 있도록
주의를 현재로 운전해 보세요.

온전히 현재에 머문다면
매 순간에서 최선을 볼 것이고
온전히 여기 살면서 자유롭고 유연하며
흐름을 따라 새로운 기회를 얻을 거예요.

마음이 과거와 미래로 가서 헤맬 때
타임머신을 타고 언제든지
현재로 돌아오는 것을
잊지 마세요.

주의력은 행복의 비결

의식이 있어 우리는
볼 수 있고
들을 수 있고
냄새 맡을 수 있고
맛볼 수 있고
촉감을 느낄 수 있지요.

의식은 손전등의 불빛
주의는 손전등을 움직이는 손
손전등의 움직임에 따라 불빛은
거기 있는 것을 감지할 수 있게 해 주지요.

삶은 광대하고
많은 것들이 계속 흐르고 있는데
그 흐름 가운데서
우리의 주의는 어디를 향하고 있나요?

주의가 좋은 것에 가 있으면
좋게 느끼고
주의가 좋지 않은 것에 가 있으면
좋지 않게 느끼지요.

우리의 마음에는
불행을 막는 부서가 있어서
주의가 불행 쪽으로 가 있기 쉬워요.

행복을 원한다면
행복을 느끼는 곳으로 주의를 돌려
거기에 집중하세요.
주의가 불행으로 끌려가도록 그냥 놔두면
불행으로 기울어요.

행복할 수 있는 능력은 이처럼
주의를 부릴 수 있는 능력과 연동되어 있으니
이를 알면, 행복의 비결을 얻는 셈이지요.

숨으로 돌아가자

우리는 우리의 주의가 있는 곳에 존재한다네.
주의가 바깥을 떠돌며 방황할 때
주의가 생각 속을 헤맬 때
숨으로 돌아가자
숨을 따라가자.

숨은 언제나 현재
미래를 위해 미리 숨을 쉴 수도
과거에 못한 숨을 지금 쉴 수도 없는 법

숨이 들어오고, 들어오는 공기를 알아차리자.
숨이 들어오는 동안 움직이는 몸을 알아차리자.
숨이 나가고, 나가는 공기를 알아차리자.
숨이 나가는 동안 움직이는 몸을 알아차리자.

다시 숨이 들어오고, 들어오는 공기를 알아차리자.
숨이 들어오는 동안 움직이는 몸을 알아차리자.
다시 숨이 나가고, 나가는 공기를 알아차리자.
숨이 나가는 동안 움직이는 몸을 알아차리자.

숨은 존재의 고향, 심란할 때 고향으로 돌아가자.
숨은 의식의 닻, 마음에 풍랑이 일 때 닻을 내리자.
숨은 마음챙김의 좋은 동반자, 숨과 함께하자.
들숨 날숨과 함께 이 순간에 오롯이 존재하자.

언제나 지금뿐

우리가 가진 유일한 시간은 지금뿐
언제나 지금이 가장 적절한 때인 것을
잊지 말고 깨어나자.

중요한 것은 지금 일어나고 있는 일
우리의 앞과 뒤에 있는 시간은
터무니없는 시간일 뿐이다.

우리는 지금 살아 있고, 여기에 있다.
우리의 과거도, 미래도 이 순간에 생각한 것이다.
우리가 지금이라 부르는 이 순간 말이다.

현재를 잘 돌보는 것이 미래를 만드는 일
현재를 잘 사는 것이 과거를 거름으로 만드는 일이다.
지금이 바로 그때 !

우리에게는 오직 이 순간만이 있다.
다른 모든 것은 기억과 기대일 뿐
그것 역시 지금 여기에서 일어나지만

지금 이 순간이야말로
우리에게 더할 나위 없는 시간
언제나 지금 이 순간으로 돌아가자!

깊고 넓은 봄으로

늘 주의 깊게, 그리고 넓게 보세요.
순간에서 순간으로 주의를 기울이세요.
지금 여기를, 마치 처음 보는 것처럼
호기심을 가지고 주시하세요.

언제나 새로운 눈을 뜨세요.
만물은 늘 새로운 풍경
만사가 끊임없이 흐르는 것이 보이나요?
주의 깊고 넓은 봄으로 응시해 보세요.

마음 훈련

만일 개를 하루 중 한 시간만
주인의 명령에 순종하도록 훈련시키고
나머지 시간은 제멋대로 하게 내버려둔다면 어떨까요?
집안은 엉망이 되고
주인의 생활도 지장을 받겠지요.
개와 씨름하느라 다른 일을 못하고 힘들이다가
주인이 앓아누울 수도 있을 거예요.

마음도 비슷해요.
마음을 제멋대로 하게 내버려둔다면
주인인 당신의 삶을 난장판으로 만들거나
주인인 당신을 들볶아 제 뜻대로 살게 만들지요.
씨름판이 된 마음 때문에 삶에 지장을 받고 힘들어져서
주인인 당신은 소진되고 병이 걸릴 수도 있어요.

주의력을 요구하지 않는 일을 하고 있을 때 마음은
제멋대로 마구 돌아다니는 방황 모드가 된다고 하네요.
의식은 산만해지고
지금 여기에서 벗어나 어딘가를 방황하지요.

좋아하는 단어 하나를 마련해 두었다가
방황하는 마음을 느낄 때마다 그 말을 입 밖으로 소리 내 보세요.
그 소리를 들으면서 당신의 주의가 지금 여기로 돌아올 수 있도록…

한 번에 한 가지 일에 주의를 온전히 기울여 보세요.
그러면 과거나 미래, 기억이나 상상이
당신을 지배하는 힘을 얻지 못해요.
주의를 거두어 지금 여기로 온다면
그것들은 허깨비가 될 뿐…

마음을 제멋대로 내버려두지 말고
마음을 한곳에 모으는 훈련으로 길들이세요.
마음의 주인이 되어 마음을 길들이면
마음은 우리의 생활에 아주 유익한 도구가 된답니다.

마음챙김은

마음챙김은
현재에서 벗어나는 주의를 현재로 거듭 되찾아오는, 깨어 있는 마음
계속해서 현재로 주의를 되돌리는, 유연한 마음
유동적인 현재에 자연스럽게 주의를 기울이는, 자유로운 마음
마음의 소란스러운 소리에서 해방된, 고요한 마음
전체 맥락을 알아차리며 넓은 시야를 가진, 너른 마음
마음을 다해 주의를 기울이는, 온전한 마음

마음챙김 연습은
주의를 현재에서 벗어나게 하는 것을 알아차리는 연습
주의를 현재로 되돌리는 연습
주의를 현재에 유연하게 기울이는 능력을 기르는 연습
호흡에 집중하면서 현재에 존재하는 연습
손전등 같은 의식으로 전체를 조명하는 연습
주의를 자유롭게 부릴 수 있도록 훈련하는 연습

건포도 한 알

건포도 한 알을 손바닥에 올려놓고
한 번도 본 적이 없던 것처럼
생전 처음 본 것처럼 바라봅니다.
부드러운 호기심을 가지고
자세히 봅니다.

빛이 비추는 부분마다 조금씩 다른 색깔
외형과 주름 모양을 느끼고
손가락으로 결을 만지며 촉감을 느껴 봅니다.
그것이 손바닥에 놓인 느낌과 무게감까지

이제 코로 올려서 주의 깊게 냄새를 맡고
천천히 입 쪽으로 움직여서 입안에 넣어 봅니다.

혀에 느껴지는 그 촉감을 느끼고
천천히 씹기 시작하면서
이의 움직임과 그것이 이에 닿는 느낌
입안에서 느껴지는 침과 맛을 감지해 봅니다.

맛과 모양의 변화를 느끼면서
천천히 씹고 삼키면서
위 속으로 내려가는 것을 알아차립니다.

건포도 한 알을 먹으면서
순간순간의 과정을 천천히 우아하게
의식을 온전히 깨워 경험하면서
자각하는 연습을 합니다.

깨어 온전히 경험하는 연습을 하면
건포도 한 알로도
현존의 생기와 신선함을 얻습니다.
마음챙김의 에너지로 깨어 있는 생은
충만하고 풍요롭습니다.

생활 명상

지금 여기에 주의를 기울여 보세요.

다과를 먹을 때
차를 마실 때
식사를 할 때
음악을 들을 때
걸을 때
청소할 때
씻을 때
요리할 때
운동할 때
그리고 가만히 앉아 있을 때

삶의 모든 활동 속에서

일어나는 모든 것을
부드럽게 천천히 경험하고
단계 단계마다 충분히
지금 여기서 일어나는 경험들에
주의를 열어 보세요.

시각, 청각, 촉각, 후각, 미각
그리고 일어나는 생각과 감정…

가만히 알아차려 보세요.

삶의 동시성에
주의를 활짝 열어서
모두를 함께 알아차려 보세요.

오감을 깨우면

잠시 호흡에 주의를 기울여 숨이 들고나는 것을 알아차립니다.

이제 주변의 온갖 사물에 시선을 펼치고 주의를 기울여 봅니다.
색깔, 모양, 질감, 부피감, 움직임, 빛의 음양각 등을 알아차립니다.
판단을 내려놓고 그저 알아차립니다.

이번에는 주변의 온갖 소리에 주의를 기울여 봅니다.
어디서 나는, 무슨 소리인지 알아내려고 애쓰지 않아도 됩니다.
좋다, 나쁘다 같은 판단을 내려놓고
그냥 소리가 있다는 사실만 느낍니다.

지금 코에 들어오는 냄새로 주의를 기울여 봅니다.
냄새를 판단 말고 그냥 의식합니다.
냄새의 세기나 향, 그리고 다른 특성에 주의를 기울입니다.

이제 손이 닿는 것들에 주의를 기울여 봅니다.
손이 닿는 표면의 감각을 알아차립니다.
질감, 온도감, 무게감, 공기나 바람의 촉감 등을 느껴 봅니다.

이번에는 맛에 주의를 기울여 봅니다.
입안에 넣을 음식이 있다면, 넣고서 각종 맛과 질감에 주의를 기울입니다.
음식이 없다면, 입안의 혀, 침, 숨 등을 알아차리고 혀로 구강 안을 훑아 봅니다.
어떤 느낌이 드나요?

이렇게 오감에 주의를 기울이면
몸의 감각이 깨어납니다.
생각에서 빠져나와
우리가 사는 유일한 시간인 지금,
우리는 여기에 오롯이 있습니다.

걷기 명상

길을 걸으며
걷는 경험 자체에 주의를 기울여 봐요.

팔다리와 발이 움직이는 것에 주목하니
몸의 움직임이 느껴져요.
앞뒤로 흔들리는 팔
움직이는 다리와 발의 감각

한쪽 발이 올라가면 다른 쪽 발은 땅으로 내려가고
발이 땅에 닿으면 압력이 느껴져요.
발가락의 조화로운 움직임

숨을 따라 움직이는 가슴과
드나드는 숨소리
바람에 흔들리는 머리카락

앞 향한 시선에는 햇살 받은 풍경이 들어오고
새소리와 멀리서 달리는 자동차 소리
어디선가 나는 풀 냄새, 꽃향기
바람의 흔들림이 피부에 닿아요.

이따금 지난 일과 앞 일이 생각 속에 스치지만

어느새 지나가고

다시 풍경과 소리, 향기와 촉감

걷고 있는 몸짓 그리고

현존의 풍요로움

호흡 명상

편안한 자세로 자리에 앉아
등을 펴서 곧게 세우고
어깨는 힘을 빼고
팔은 편안하게 내려놓습니다.

앉은 자리와 닿아 있는 몸의 부분을 알아차리고
팔과 손이 접촉하고 있는 곳을 알아차립니다.

이제 주의를 호흡으로 기울여
숨이 들어오고 나가는 것을 알아차려 봅니다.

숨이 콧구멍으로 들어오는 순간의 숨과 몸
가슴과 배의 움직임에 주의를 기울여 봅니다.
몸속으로 숨이 들어오는 동안 따라가 봅니다.

숨이 멈추는 지점을 알아차려 보고
숨이 멈추고 나서 몸 밖으로 나오는 과정에 주의를 모읍니다.
숨이 나가기 시작하는 지점부터
콧구멍을 떠나는 순간까지
숨을 따라가 봅니다.
숨이 나가면서 일어나는 가슴과 배의 움직임을 알아차립니다.

마음이 어느 지점에서 방황을 한다면
이를 알아차리고
주의를 호흡으로 부드럽게 가져옵니다.
언제든지 주의를 호흡으로 되돌리고
오고가는 생명의 숨을 알아차려 봅니다.

고요한 순간입니다.

구름을 지켜보듯이

자리에 앉아 눈을 감고 중심을 잡습니다.
몸이 의자에 닿고 있는 부분을 알아차리고
주의를 호흡에 기울입니다.

이제, 따스한 봄날을 상상해 봅니다.

풀밭에 편안히 누워 하늘을 보고 있습니다.
하늘에 떠 있는 뭉게뭉게
구름이 천천히 흘러갑니다.
머리에는 생각이 몽실몽실 피어오르고…

하늘 사이로 느리게 떠가는 구름에
생각을 올려놓습니다.
구름 위에 올린 생각이
구름과 함께 가벼이 떠가고 있는 것을 지켜봅니다.

한 무리의 구름이 지나가면
또 다른 구름이 와서 생각을 실어 나릅니다.

그냥 누워서 생각 실은 구름을 가만히 지켜봅니다.
구름과 함께 생각이 둥실둥실 떠갑니다.

지켜보다 놓치는 순간에는
잠시 호흡으로 주의를 돌려
숨을 알아차리고 다시
구름과 함께 떠가는 생각을 그저 바라봅니다.

풀밭에 누워 구름을 지켜보듯이
떠다니는 생각을 그저 지켜봅니다.
늘 그대로인 의식의 자리에서…

다리 위로 돌아오세요

마음속에 떠다니는 생각이 있다면
강물 위로 떠다니는 유람선을 다리 위에서 바라보듯이
그 배를 지켜보세요.

당신은 지금 어디에 있을까요?
다리 위에?
아니면 유람선 위에?

혹시 당신이 유람선에 같이 타서 가고 있다면
당신 자리를 다리 위로 옮겨서
다시 그 배를 바라보세요.

당신의 감각이나 감정, 충동들이 마음속을 떠다닌다면
그것 역시, 강물을 떠다니는 유람선을 지켜보듯이
다리 위에서 그 배를 바라보세요.

당신이 자꾸만 올라타는 생각이나 감각, 감정, 충동의 유람선이 있나요?
좋아요, 그렇다면…
다리 위로 돌아오세요.

당신이 그 유람선에 올라타고 있는 것을 알아차린 순간에
다리 위 지켜보는 자리로 언제나 돌아오면 됩니다.
다시 그 자리에서 그 배를 바라보면 됩니다.

그저 바라보는 자리로

물 위에 띄운 종이배가
둥실둥실 떠가는 것을 그저 바라보듯이

손에서 놓아 버린 수소 풍선이
저 멀리 하늘로 올라가는 것을 그저 바라보듯이

시냇가의 나무에서 떨어진 나뭇잎이
냇물을 따라 팔랑팔랑 떠내려가는 것을 그저 바라보듯이

커다란 나무에 달린 나뭇잎이
바람에 살랑살랑 흔들리는 것을 그저 바라보듯이

맑은 하늘에 뭉게뭉게 피어오른 구름이
조용히 흘러가는 것을 그저 바라보듯이

생각이 흐르는 것을 그저 지켜보세요.

그 흐름이 멈추거나 바라보는 것이 잘 안될 때
우리는 생각 속에 빠져 생각으로 보기 시작하지요.

생각에 걸려드는 그 순간을 알아차리고
그저 바라보는 고요한 자리로 언제든지 다시 돌아오세요.

마음 풍경

눈과 입 닫고 침묵 속에 앉으면
빛이 멈춘 자리에서 보이는
마음속 풍경
하나둘씩 떠오른다.

생명을 두드리는 숨소리
살아 있는 몸의 느낌
소곤대는 마음의 재잘거림
연기처럼 피어오르는 꿈
먼지같이 흩날리는 자아라는 껍질과
이 모든 것을 떠받치고 있는 빈 하늘

아기 눈망울로 바라보고
그저 숨 쉬노라면
모든 걸 품고 있는 허공이여

어느 새 굴레들 풀어지고
마음속 풍경마저 사라지면
내려앉는 고요 속으로

모든 것이자 아무것도 아닌 존재와
영원처럼 신선한 지금 여기
존재계의 어울림
그리고 텅 빈 충만

내면의 영토

숨을 들이쉬며
내 안의 영토로
들어가요.

그곳에는
무한한 하늘과 드넓은 벌판이 있고
거기, 별빛이 쏟아져 내려요.

숨을 내쉬며
내 안의 공간에서
펼쳐 놓은 자리에 앉아요.

그곳에는
드높은 침묵과
광활한 고요가 있어요.

쏟아지는 은총의 빛 아래
환희가 차오르는
내면의 영토에 그저 앉아 있어요.

IV

자기를 초월하는 길

당신은 바다에 떠도는 물방울 하나가 아니다
당신은 물방울 하나에 깃든
온 바다, 대양이다.

잘랄루딘 루미

당신은 누구인가요?

지금 당신은 이 책을 읽고 있나요?
이 순간에 여기서 이 책을 읽고 있는 것을 주목해 보세요.

책을 읽고 있다는 것을 알아차린 건 누구인가요?
그 사람이 오늘 아침 식사를 할 때에도 거기 있었나요?
그 사람이 오늘 산책을 할 때에도 거기 있었나요?

어린 시절 기억의 한 장면을 떠올려 볼까요?
당시에 거기서 그 사건을 바라보는 자는 누구인가요?
당신의 눈 너머에서 바라보던 그 의식
당신이 어린아이였을 때도 거기 있었음을 주목해 보세요.

그동안 당신의 생각이나 감정, 역할, 몸은 변해 왔지만
당신은 의식의 자리에서 내내 알아차리고 있는
당신이었음을 알아차려 보세요.

지금 당신이 이 글을 주시하는 순간에
이 글을 주시하는 자는 누구인가요?
그 당신에게 안녕!

당신은 그것이 아니지요

두어 차례 깊이 숨을 쉬어 보세요.
깊은 숨을 쉬면서 벽을 잠시 응시해 보세요.
당신이 있고, 벽이 있어요.
당신은 벽이 아니지요.

이제 책상 위에 있는 책에 주의를 돌려
책을 잠시 응시해 보세요.
당신이 있고, 책이 있어요.
당신은 책이 아니지요.

이번에는 당신의 손으로 주의를 돌려
손을 응시해 보세요.
당신이 있고, 손이 있어요.
당신은 손이 아니지요.

이제 눈을 감고
의식 속에 떠오르는 것을 주시해 보세요.
감각, 기억, 생각, 감정…
당신이 있고, 내적 경험들이 있어요.
당신은 그 경험들이 아니지요.

당신은 몸이 피곤하거나 건강할 수 있고
당신은 몸이 무겁거나 가뿐하다고 인지하지만
당신은 몸을 인식할 뿐
당신이 몸 자체는 아니지요.

당신은 활력을 느끼거나 우울할 수 있고
당신은 불안하거나 행복감을 느낄 수 있지만
당신은 그 모든 감정을 경험할 뿐 감정 자체는 아니지요

당신은 생각을 인식할 수 있지만
생각은 아니지요. 그저 생각을 인식할 뿐

모든 것이 당신이 아니라면 무엇이 남을까요?
당신이 관찰하는 모든 것은
당신이 아니지요.

당신은 관찰자

나는 …다

'나는 친절하다.'
항상? 어디에서나? 예외 없이? 사실인가?
이는 나에 대한 개념적인 말일 뿐

자, 그럼 이렇게 붙여 보면?
'나는 친절하다, 그리고 나는 친절하지 않다.'
'나는 친절하다, 또는 그렇지 않거나…'
이 말이 사실에 더 가까운가?

이번에는
'나는 친절하다'에서 '나는' 뒤에 있는 말을 지워 보면?
'나는 다'
'나는' 뒤의 내용을 이렇게 흘려보낸 후의 느낌은 어떤가?
나에 대한 이야기나 방어가 없다면…

나는 내용이 없이 열린 빈 공간과 같다.
더 깊은 자기 감각
나에 대한 이야기로 놓쳐 버리기 쉬운
그저 존재하는 현존

자기 정체성

나는 누구인가?

나는 이런 사람, 저런 사람이다
나는 이러하다, 저러하다
우리가 동일시하고 있는 자기 정체성
그에 따라서 생각하고 느끼는 것이 달라진다.

정체성이란
무대에서 맡은 배역의 캐릭터 같고
경우마다 갈아입는 옷과 같다.

맡은 캐릭터마다 생각하고 느끼는 것이 달라지고
입는 옷마다 느낌과 행동이 달라진다.

배역의 캐릭터가 '나'는 아니듯이
입은 옷이 '나'는 아니듯이
정체성이 진짜 '나'는 아니며
우리가 입고 살아가는 옷과도 같다.

누구나 옷을 입고 산다.
개체 보존과 공존이라는 생의 조건 속에서
살아가기 위해 필요한 옷

삶의 무대에서 우리는
극이 바뀔 적마다 여러 캐릭터가 되고
막이 바뀔 적마다 여러 옷으로 갈아입는다.

우리가 열연하는 캐릭터가
우리가 자주 입는 옷이
우리 자신은 아니라는 것을 알지 못한다면…

벗지 못하고 거기 갇혀 버리는 부자유와
자주 갈아입어야 하는 피곤함 속에서
서로가 만나지 못하는 아득한 거리가 있다.

옷과 같은 정체성의 정체를 알아차리자.
알몸을 보호하기 위해 옷이 필요할 때
입고 벗는 옷처럼 자유롭게
유연하게 입고 벗는 정체성을 입자.

누가 알아차리고 있나요?

나무가 보입니다
누가 알아차리고 있나요?

새소리가 들립니다.
누가 알아차리고 있나요?

바람이 뺨을 스칩니다.
누가 알아차리고 있나요?

사과 맛을 느낍니다.
누가 알아차리고 있나요?

꽃향기를 맡습니다.
누가 알아차리고 있나요?

슬픔을 느낍니다.
누가 알아차리고 있나요?

과거 일을 기억합니다.
누가 알아차리고 있나요?

미래 일을 걱정합니다.
누가 알아차리고 있나요?

시각, 청각, 촉각, 미각, 후각, 감정, 생각은 나타났다 사라집니다.
그 경험들을 알아차리고 있는 이는 누구인가요?

그 모든 경험들은 지나가지만
알아차리고 있는 이는 늘 그 자리에 있습니다.

알아차리는 나

고통을 겪고 있을 때
눈을 감고 고요히
고통에 접촉해 보세요.
그 고통을 알아차리고 있는 나를 알아차릴 수 있나요?

알아차리는 나를 데리고
내 몸 바깥으로 나와서 고통을 바라보세요.
고통이 어떻게 보이나요?
고통을 품고 있는 내게 어떤 말을 해 주고 싶은가요?

알아차리는 나를 방 너머 거실 저편으로 데려가서
멀찍이 떨어져 고통을 바라보세요.
고통이 어떻게 보이나요?
방 너머 거실 저편에 있는 내가
여기서 고통을 품고 있는 내게 어떤 말을 보내 주고 싶은가요?

알아차리는 나를 10년 후로 데려가서
보다 현명해진 그 시점에서 지금의 고통을 바라보세요.
고통이 어떻게 보이나요?
보다 현명해진 10년 후의 내가
지금 고통을 품고 있는 내게 어떤 말을 보내 주고 싶은가요?

알아차리는 나는
내 안과 밖에
어디에나 언제나
현존하며 지금도
그저 알아차리고 있어요.

당신의 자리

마음은 날씨처럼 다양한 상태
오가는 방문객과 같아요.

방문객을 맞이할 때
그들이 자신을 따르라고
이 말 저 말 쏟아 놓더라도
당신 자리에 그냥 앉아 있으세요.

그들의 말을 정중히 듣지만
당신이 앉은 의자를 내주지는 마세요.
그건 주인인 당신의 자리이니

자리를 잘 잡고 앉아
방문객들이 올 때마다 반갑게 맞이하고
그들에게 주의를 기울여 주고
가져온 메시지도 받아 읽고요.

당신이 깨어 있기만 하다면
방문객은 왔다 돌아갈 거예요.
그들은 볼 일을 마치고 흩어질 것이고

당신 자리에는 그날의 평화가
저녁노을처럼 내려앉을 거예요.

바람에 나부끼는 나뭇잎을 보듯이

바람에 나부끼는 나뭇잎을 보듯이
마음속 생각을 가만히 보세요.

시냇물을 따라 떠내려가는 낙엽을 보듯이
마음속 생각을 조용히 보세요.

가만히 흘러가는 구름을 보듯이
마음속 생각을 고요하게 보세요.

밀려오고 쓸려 가는 파도를 보듯이
마음속 생각을 잠자코 보세요.

손바닥에 올려놓은 딱정벌레를 보듯이
마음속 생각을 호기심으로 보세요.

생각은 오고 가지만…
지켜보고 있는 이는 늘 거기에 있네요.

집으로

의식은 존재의 집

들판을 헤매다가
도시 숲을 방황하다가
군중 속을 떠나
이제, 집으로 가자.

들고나는 숨결이 보이는 그곳
그 자리에 앉자.

숨소리는 파도처럼 오고 가고
의식은 요람 속 아기처럼 고요하구나!

생명 어머니의 품에 안긴 아이처럼
순간에서 순간으로
거기 평화가 내려앉고

열린 창문으로 찾아드는 손님들은
기어드는 벌레같이
날아드는 곤충같이
넘어드는 짐승같이
잡념과 감정은 구름같이 떠돌지만

흘러가는 구름 바탕에는
늘 크고 맑은 하늘이 있다.

창문 너머 빈 하늘에 닿도록
거기 그네 타는 아이처럼
환희 가득한

존재의 집으로 돌아가자.

인식하는 자

내 주의가 미치는 곳이 어디인가?
그것을 인식해 보자.

여기 내가 있고,
저기 나무 한 그루가 있다.

내가 나무를 인식하고 있을 때
나는 인식하는 자
나무는 인식의 대상

나무를 인식하고 있는 나는 나무가 아니다.
내 인식 안에 나무가 있다.
인식 안에서 나는 나무와 만난다.

여기 내가 있고
저기 고통이 있다.

내가 고통을 인식하고 있을 때
나는 인식하는 자
고통은 인식의 대상

고통을 인식하고 있는 나는 고통이 아니다.
내 인식 안에 고통이 있다.

인식 안에서 나는 고통과 만난다.

고통을 품은 내 인식은 고통이 아니기에
인식하는 자는 고통 없이
고통을 그저 품어 안는다.

나는 하늘

마음에서 일어나는 생각, 감정, 감각 등이
나일까?

그것들은 떠가는 구름, 나는 하늘
그것들은 오가는 파도, 나는 바다
그것들은 바뀌는 가구, 나는 집
그것들은 상영되는 영화, 나는 관객
그것들은 이동하는 장기말, 나는 장기판
그것들은 들고나는 물건, 나는 상자
그것들은 담기는 음식, 나는 그릇

마음에서 일어나는 생각, 감정, 감각 등은
내가 아니지.

나는 그 모든 것들을 알아차리는 의식
그것들은 알아차림의 대상

나는 무구한 전체
그것들은 무상한 일부

장기판과 장기말

당신의 기억, 감각, 감정, 생각…
이를 장기판 위의 장기말이라고 해 봐요.

'흰' 말을 한편으로, '검은' 말을 다른 편으로 나눠서 둔다면
두 편이 서로 싸우는 전쟁 게임이 되고 말지요.

흰 말들과 검은 말들이 서로 싸우는 전쟁터에는
아군과 적군만이 있고 삶은 보이지 않아요.
당신은 어느 편일까요?

만일 어느 한편에 서 있다면
당신의 나머지 부분은 당신의 적이 되겠지요?
전투에서 이기려고 할수록 내면은 전쟁터가 되고요.

당신이 장기말 차원에서 다른 편과 싸우면
싸움이 삶의 중심이 되어 버리고
습관이 될수록 삶 전부에 영향이 미치겠지요.

반대편 장기말을 전부 없애 버리려고 한다면
장기말이 판을 뒤집을 수는 없기에
싸움은 끝이 없을 거예요.

이길 수 없는 싸움을

멈출 수도 없다는 걸 감지하면 절망스럽고요.

당신이 장기판이라면 어떨까요?
장기판은 이 모든 장기말을 품고 있어요.

당신의 장기판 위에는 어떤 장기 말이 있나요?
기억, 감각, 감정, 생각…
그것은 당신이 아니지요.

당신이 장기말이라면, 승패가 중요하지만
당신이 장기판이라면, 어느 편도 아니니 승패가 중요하지 않게 되지요.
투쟁하느라 수고할 필요가 없고요.
당신은 모든 말들을 볼 수 있고, 모두와 접촉할 수 있지요.

지금 당신은
장기판 차원에 있나요, 장기말 차원에 있나요?

관찰자 당신

주의를 당신 자신에게로 돌려
어떤 신체적 감각이 느껴지는지 알아차려 보세요.
감정을 알아차려 보세요.
생각을 조용히 지켜보세요.
당신의 일부가 이것들을 알아차렸음을 알아차려 보세요.

그 부분을 '관찰자'라고 부를게요.
당신의 감각을 알아차렸고
감정을 알아차렸으며
생각을 알아차렸어요.

이번에는 지난 여름에 일어났던 어떤 일을 기억해 보세요.
그때의 광경, 소리, 느낌
당신은 알아차리고 있었지요.
당신이 그때 거기 있었음을 알아차릴 수 있나요?
당신은 그때 거기 있었고, 지금은 여기에 있어요.
당신이 알아차리는 것을 알아차리는 자는
지금 여기에도 있고, 그때 거기에도 있었지요.

이제 당신이 십 대였을 때 일어났던 어떤 일을 기억해 보세요.
그 주위를 지켜보세요.
그때에 일어났던 일들을 기억해 보세요.
그때의 광경, 소리, 느낌

그때 이 모든 것들을 보고, 듣고, 느꼈던 자가 있었음을
알아차릴 수 있나요?
당신은 그때 거기 있었지요.
지금 당신이 알아차리는 것을 알아차리는 사람과
십 대일 때 거기 그 상황에서 알아차리는 것을 알아차리던 사람 간에는
본질적인 연속성이 있어요.

이번에는 당신이 아주 어린아이였을 때 일어났던 일들을 기억해 보세요.
그 주위를 보면서, 무슨 일이 일어났는지 보세요.
그 광경, 소리, 느낌을 느껴 보세요.
당신이 거기서 보고, 듣고, 느끼고 있음을 알아차려 보세요.
당신이 자신의 눈 뒤편에 있었음을…
당신은 그때 거기에 있었고, 지금 여기에도 있어요.
당신은 당신의 삶 전체에서 당신 자신이었지요.
어디에 있든지 당신은 거기서 알아차리고 있었어요.
관찰자 당신

이제 그 관점에서 당신 삶의 어떤 영역들을 보세요.
몸부터 시작할까요?
자신의 몸이 어떻게 계속적으로 변하는지를 알아차려 보세요.
어떤 때는 아프고, 어떤 때에는 건강해요.
어떤 때는 편안할 수 있고 피곤할 수도 있고요.
한때 당신은 작은 아기였으나 몸은 자랐어요.
몸의 일부는 수술과 같은 것으로 없어진 부분도 있어요.
당신의 세포들은 죽었고
지금 몸에 있는 세포들은 십 대나 지난번 여름에도 없었던 것들이지요.

당신의 신체적 감각들은 오고 가고
우리가 말하는 동안에도 변해요.
모두 변하고 있어요.
그러나 당신이 자신이라고 부르는 바로 그 자는
삶 전체에서 존재해 왔어요.

당신이 몸을 지니긴 하지만
자신을 몸으로만 경험하지 않는다는 것을 의미해요.
이를 경험으로 알 수 있나요?
지금은 잠시 동안 당신 몸을 알아차리기만 하세요.
이렇게 당신이 알아차리는 존재임을 자주 알아차려 보세요.

이제는 다른 영역으로 가 봐요.
당신의 역할
당신이 지닌 역할이 얼마나 많았고, 또 많은지 알아차려 보세요.
우리는 어떤 때 어떤 역할을 해요.
엄마, 또는 친구, 딸, 또는 아내…
어떤 때에는 존경받는 직장인, 또는 선생님, 또는 제자 등
당신은 세상에서 항상 어떤 역할을 하지요.
당신의 역할은 계속해서 변하지만, 당신은 역할이 아니지요.
어떤 깊은 의미에서는 당신이 하는 것은 변하지 않아요.
언제나 당신은 자신이 알아차리고 있는 것을 지켜보면서
알아차리고 있어요.

이제 다른 영역으로 가 봐요.
당신이 느끼는 감정

당신의 감정이 어떻게 계속적으로 변하는지 알아차려 보세요.
때로는 사랑을 느끼고 때로는 미움을, 때로는 고요함
그리고 긴장, 즐거움, 서러움과 행복감, 슬픔 등을 느껴요.
지금도 당신은 감정을 경험하고 있을 거예요.
흥미로움, 지루함, 긴장감이나 이완감…

당신이 좋아했지만 더 이상 좋아하지 않는 것들을 생각해 보세요.
또 한때 있었으나 지금은 해소된 두려움을 생각해 보세요.
우리가 감정에 대하여 기대할 수 있는 것은
오직 그것이 변할 것이라는 점이지요.
감정의 물결이 밀려오더라도, 곧 있으면 지나갈 거예요.
이러한 감정들이 오고 가는 동안에도
어떤 깊은 의미에서 '당신 자신'은 변하지 않는다는 것을 알아차려 보세요.
당신이 감정을 지니더라도
감정이 바로 당신 자신이라고 경험하지 않아요.

잠시 당신의 감정을 알아차려 보고
그것들을 알아차리고 있는 자신을 알아차려 보세요.
어떤 중요하고 깊은 의미에서 당신은 자신을 변하지 않는 존재로 경험하지요.
이 모든 것 속에서도 당신은 당신 자신인 거죠.

이제는 당신의 생각 영역으로 가 봐요.
생각은 우리를 걸려들게 하고
관찰자 자리에서 끌어내기 때문에 어려울 수 있어요.

당신의 생각이 얼마나 지속적으로 변하고 있는지 알아차려 보세요.

당신은 순진무구할 때가 있었고
학교에 가서 새로운 생각들을 배웠어요.
새로운 아이디어와 새로운 지식을 얻었고
사물에 대해 어떤 방식으로 생각하고
어떤 때에는 다른 방식으로 생각해요.
때로 당신의 생각은 의미가 거의 없고
때로 그것들은 어디선가 자동적으로 올라오지요.
그리고 그것들은 계속해서 변해요.
어떤 깊은 방식에서 당신이 생각하는 것을 아는 자는 변하지 않네요.

당신이 생각을 지녔을지라도
자신을 단지 자신의 생각으로만 경험하지는 않아요.
당신의 생각은 물줄기처럼 계속됨을 알아차려 보세요.
당신은 그 속에 빠질 수도 있지만
이를 깨닫는 순간 당신의 일부가 뒤에서
그 모든 것을 지켜보고 있음을 또한 알아차리지요.
지금 당신의 생각을 지켜보고
당신이 그것을 알아차리고 있음을 또한 알아차려 보세요.

이제 당신의 몸, 역할, 감정, 생각들이
당신 자신이 아니라는 것을 경험할 수 있나요?
이는 당신 삶의 내용들
당신은 그것들이 펼쳐지는 장, 무대, 맥락, 공간

당신이 투쟁하며, 변화시키려고 애쓰는 내용들이
당신 자신이 아님을 알아차려 보세요.

이런 싸움이 계속되더라도 당신은 변함없이 여기 존재하지요.

이러한 연결을 알아차려 보세요.
그 모든 것을 망라해서 당신은 당신 자신이라는 것
이러한 모든 심리적 내용들을
당신 자신의 삶을 평가하는 수단으로 사용할 필요가 없음을…

올라오는 모든 경험들을 단지 알아차리고
당신이 알아차린다는 것을 알아차려 보세요.
당신 자신이 여전히 여기에 존재한다는 것을
그는 당신 삶 전체에서 당신이었던 바로 그자
어떤 깊은 의미에서 이 관찰하는 자는
당신이 자기라고 부르는 당신 자신이지요.

이야기꾼과 이야기

마음은 이야기꾼
삶의 상황과 경험을 소재로 엮어
별별 이야기를 만들어요.

당신 삶의 이야기는 어떤가요?
원하는 방향으로 데려다주는
충분히 유용한 이야기인가요?
아니면 당신에게 유용하지 않은
원하는 방향에서 멀어지게 만드는 이야기인가요?

같은 상황과 경험을 토대로
얼마든지 다른 이야기를 다시 만들 수 있는데
어떤 줄거리로 바꾸면 현 상황에서
당신이 원하는 방향으로 가는 데 유용할까요?

유용한 줄거리를 정하는 기준은
당신이 관심을 두는 방향에 유익한 것인데
마음은 위험을 통제하는 방향에 주로 관심이 있어요.

마음속 독재자가 자동적으로 정하게 놔두면
삶을 잘 사는 데 도움이 되는 이야기가 아니라
위험을 통제하기 위한 경고성 이야기가 되어 버리기 쉬우니

위험에 대해 소란 피우는 마음이 만든 이야기를
당신에게 유용한 이야기로 다시 쓰기 위해서
삶의 방향을 알아차리는 당신에게 맡기세요.

이야기꾼인 마음을 감독하는 주인이 되어
당신에게 소중한 방향을 명확하게 알아차리고서
당신에게 유익한 삶의 이야기를 새롭게 쓰세요.

언제나 있는 나

젊었을 때 내가 젊다는 것을 아는 '내'가 있었고
지금 나이 들어 나이 듦을 아는 '내'가 있다.
젊음은 왔다가 가 버렸어도
왔다 갔음을 아는 '나'는 여기에 여전히 있다.

10대 때의 몸은 왔다가 갔고
지금은 60대의 몸을 가지고 산다.
10대의 몸은 왔다가 갔어도
왔다 갔음을 아는 '나'는 떠나가지 않았다.
그 아는 '나'는 여기에 그대로 있다.

실망할 때 실망감을 아는 '내'가 있고
그 실망감이 사라진 뒤에도 여전히
그 실망감이 사라졌음을 아는 '나'는 사라지지 않았다.
그 아는 '나'는 여기에 그대로 있다.

오고 가는 것을 아는 '나'는 전혀 오지도 가지도 않는다.
이 '나' 위에서 감정이나, 생각, 몸 등은 지금도 오고 가는데
오고 가는 것을 아는 '나'는 여전히 모든 것을 알 뿐
오는 것도 아니고 가는 것도 아닌 채로
언제나 여기에 있다.

파도와 바다

나는 파도
당신은 바다

파도는 바다의 아주 작은 일부
바다는 무한 전체

나는 당신 안에 있는 파도
당신은 나를 품고 있는 바다

하나의 파도인 나는 비로소
당신 품 안에서 바다와 연결되고

바다는 파도를 통해
당신의 실존을 드러낸다오.

자기 수용에 대해

자신을 무조건 수용할 수 있나요?
온전하고 타당한 자신으로 받아들일 수 있나요?
어떤 것이 가로막나요?
어떤 이상이나 기준?
그에 충분하거나 적합하지 않은 것처럼 느껴지나요 ?

자기 수용은 일종의 믿음과 같아요.
이유가 있어서가 아니라 그냥 선택하는 것이에요.
분석과 판단의 결과로 하는 것이 아니라 분석, 판단 전에 하는 것
즉, 분석과 판단을 하지 않는 것이지요.

자기 수용이 선택이라면 지금 선택할 수 있을까요?
이는 승인을 얻지 않고도 조건 없이 '괜찮아' 하는 것이에요.
분석, 판단의 결론이 아니라
분석, 판단 이전의 가정이기 때문이지요.

지금 여기서 자기 수용을 선택할 수 있을까요?
자신이 온전하고 타당하다는 믿음
이것이 가정이고 선택이라면, 어느 쪽을 선택할래요?
무조건이고 조건이 없다면…

물론 자기 수용을 선택해도
자기 의심이 여전히 사라지지 않고

마음이 무거울 수도 있어요.
부정 회로인 마음에서 나오는 재잘거림에 영향을 받는다면…

자기 의심이 올라오더라도 여전히 같은 질문을 해 보세요.
의심도 마음이 생산한 생각이니
그 내용을 사실로 받아들일 필요는 없어요.

이상과의 비교나 평가 때문에
자기 수용이 자꾸 가로막힌다면
조건이 없는 자기 수용을 언제나, 그냥 선택하세요.

미래에서 온 편지

미래에 어떤 일이 일어날지는 모르지만
10년 후 자신의 모습을
당신이 원하는 방향으로
더 현명하고 경험이 많아진 당신의 모습을 떠올려 보세요.

10년 후에는 삶이 어떨지 상상해 보세요.
어디서 살고 있을까요?
무슨 일을 하고 있을까요?
일상에서 어떤 경험을 하고 있을까요?

10년 후의 삶을 그려 보았다면,
이제 그때의 당신 관점으로
지금의 당신을 돌아보세요.

10년 후의 당신에게 지금의 당신은 어떻게 보이나요?
현재의 자신에게 걱정이나 연민이 드나요?
잠시 눈을 감고 그 상황을 떠올려 보세요.

미래의 당신은 현재의 당신에게
어떤 말을 해 주고 싶을까요?
미래의 당신이 현재의 당신에게
편지를 쓴다면 어떤 말이 담겨 있을까요?

자기 동일시

〈 I 〉

우리가 자기와 동일시하는 것들에는 무엇이 있을까요?

과거 경험한 것들로 이루어진 개인적 역사와 동일시하나요?
뇌는 정보를 개인의 역사나 각인된 것에 비추어 여과한 후에
생각과 감정과 행동을 만들고, 그 행동으로 세상에 반응해요.
과거를 토대로 현재를 만들고, 그 현재는 다시 미래를 만들어 가지요.

개인적 경험이 만든 역사적 이야기와 자기를 동일시하고 있다면
꼭 질문해 보세요.
그것이 유용한지? 그것으로 행복한지? 아니면 불행한지?
유용하지 않다면 동일시할 필요가 없지요.

역사나 이야기일 뿐이니 동일시를 알아차리세요.
새로운 역사를 쓰거나 아예 이야기를 접고서 현재로 나오세요.
그러면 과거도 미래도 사라지고 오직 현재만 남을 거예요.

우리가 맡은 역할과 동일시하나요?
역할은 우리에게 기대되는 행동방식이지요.
역할과 자신을 너무 동일시하면 사회나 타인의 기대에 맞춰 살게 돼요.
역할을 자신과 너무 동일시해서 역할을 내려놓지 못한다면
고단한 삶이 될 수 있어요.

직업이나 역할은 하나의 역할에 불과할 뿐
언제나 어디서나 그 역할을 고수한다면
문제가 생기고 고통을 겪겠지요.
사회의 일원으로서 여러 역할을 맡아 왔지만
당신이 역할은 아니라는 것을 잊지 마세요.
역할은 우리가 하는 일이지 우리 자신이 아니라는 것을…

역할이 끝나면 미련 없이 벗어 버리고 다른 역할로 옮아가거나
역할에서 자유롭게 그때그때 유연하게 사세요.

우리가 가진 소유와 동일시하나요?
우리가 가진 재산이나 학벌, 자격증을 자신으로 동일시한다면
소유한 것들은 언젠가 사라질 수 있기에 고통이 생기겠지요.
모든 것이 변하고 무상한데
소유와 동일시하면 잃을 것에 대한 두려움이 생기고
두려움은 분노, 증오의 고통을 일으키지요.

소유한 것은 당신이 가진 것일 뿐, 당신 자체는 아니니
소유와 존재를 구별해 보세요.

소유란 일정 시간 동안 당신이 맡고 있는 것
우리가 영원히 소유할 수 있는 것은 없으니
소유가 내 손을 벗어날 때가 오면 언제라도 놓을 수 있도록…

자기 몸과 동일시하나요?
우리 몸이 자신의 전부인 양 동일시한다면

오늘날의 소비사회에서 이상화된 외모나 몸에 대한 이미지에 매달려
타고난 몸을 바꾸거나 자연스런 변화와 투쟁하느라
고통을 겪는 경우가 많아져요

만물은 끊임없이 변해요.
태어나고 쇠퇴하고 죽는 법
계속 변하는 몸과의 과도한 동일시는 집착과 고통을 낳지요.

큰 거울 앞에 서서 몸 일부가 아닌 전체를 보면서
몸 일부와의 동일시를 내려놓고
늘 변하고 있는 자신의 몸을 지켜보며
변하고 있는 몸뿐 아니라
내부 감각과 감정, 생각, 의지, 그리고
이 모든 것들을 지켜보는 나를 알아차려 보세요.

이 모든 것들을 아우르는 전체인 나

〈 II 〉

몸, 감각, 감정, 생각, 역할, 소유, 과거 경험들에 대한
동일시를 멈추면 무엇이 남을까요?

당신이 인식할 수 있는 모든 것이 당신이 아니라면…
관찰 가능한 모든 대상이 떨어져 나가면 무엇이 남을까요?
모든 것을 제치고 나면 인식 자체만 남아요.
그것이 없으면 경험도 없지요.

눈을 돌려 세상을 인식하고 있는 그것을 인식해 볼까요?
거울에 비치는 당신은 늙어 보이는데
늙음을 인식하는 당신은 조금도 늙지 않았음을 아나요?
당신 안에 있는, 분명 늙지 않는 그 무엇이 있지요.

5년 전, 10년 전, 그 이전에도 있었고 지금 이 순간에도 있는 그 무엇
당신이 '나'라고 부르는 당신
이 '당신'은 늙지 않고 변하지 않고 늘 동일한 본성
당신의 본성은 인식하는 주체로서 늘 현존하지요.
이 의식이 모든 경험의 배경, 맥락이고요.

당신이 인식하는 형태와 색과 현상은 매순간 변하지만
그 모든 것이 일어나고 사라지는 당신의 의식은
형태와 색이 있기 전의 하얀 캔버스와 같이
경험이 드러나는 바탕이자 공간이에요.

우리는 경험의 내용에는 관심을 쏟고
그 모든 경험이 놓인 바탕에는 관심을 갖지 않지만
의식의 본성은 공기와 같이 늘 현존하는
그것들이 펼쳐지고 있는 공간이지요.

나는 진짜 누구일까?

거울 앞에 서서 눈을 보면서
"나는 진짜 누구일까?" 묻는다.

내 몸이 내가 아니라면 나는 누구인가?
내 감정이 내가 아니라면 나는 누구인가?
내 생각이 내가 아니라면 나는 누구인가?
내 역할이 내가 아니라면 나는 누구인가?
내 소유가 내가 아니라면 나는 누구인가?
내 과거 경험들이 내가 아니라면 나는 누구인가?

나는 내 생각을, 몸의 감각과 감정을, 역할을, 소유를, 기억을
그리고 온갖 외부 사물들을 의식할 수 있다.

내가 경험하는 온갖 경험들은 바다의 파도처럼 오고 간다.
파도처럼 오가는 그 모든 것들이
영원히 머물지 않는다는 것만 변하지 않고 확실하다.

모든 것은 오고 간다.
다만, 이것들을 의식하는 나는
늘 동일하고 항상 여기에 있다.

V

삶의 가치를
선택하는 길

세상의 의미를 찾아 나선 자, 인생의 의미를 찾아 나선 자, 자신의 의미를 찾아 나선 자들은
사막에서 빈손으로 어찌할 바를 모르고 있을 것이다.
그들이 찾는 의미란 것은 어디에도 놓여 있지 않으며 숨겨져 있지도 않기 때문이다.
애초에 의미란 존재하지도 않았다. 그렇다고 세상이나 인생이 헛된 것은 아니다.
인생의 의미는 스스로 만드는 것이다.
무엇이 어떻다거나 얼마 만큼이다 하는 것을 스스로 결정하라.
역동적으로 살아간다면 인생은 생기를 품은 빛나는 의미로 가득 찰 것이다.

프리드리히 니체 ('권력의 의지' 중에서)

삶의 방향

인생이라는 길을 떠난 당신
잘 가고 있나요?
지금 어디로 향하고 있나요?

잘 가고 있다는 것을
지금 제대로 가고 있다는 것을
무엇으로 확인할 수 있을까요?

삶의 값어치를 스스로 매기기 위한 저울추
당신이 비중치를 두는 삶의 방향
그 방향이 길잡이일 거예요.

길을 잃고 헤맬 때
어디로 가야 할지
가리켜 주는 나침반같이

캄캄한 밤바다를 항해할 때
뱃머리를 어디로 돌릴지
방향을 알려 주는 등대 빛같이

깜깜한 어둠 속에서 먼 길을 갈 때
어느 방향으로 나아갈지
가늠해 주는 별빛같이

삶의 방향을 알려 주는
당신이 소중히 품은
삶의 가치는 무엇인가요?

텃밭 고르기

가치란 텃밭을 가꾸는 장소와 같아요.
가치를 선택한다는 것은 텃밭 장소를 선택하는 것과 같고요.

자, 텃밭을 가꾸려고 장소를 골랐어요.
장소를 고르고 나서
"상추를 먹고 싶은가? 아니면 감자나 무와 같은 것을 먹고 싶은가?"
정한 후에 씨앗을 심고, 싹이 트기를 기다려요.

땅을 갈아 씨를 심고 싹이 트기를 기다리고 있는 동안
길 건너편에 좀 더 좋아 보이는 다른 땅이 눈에 뜨였어요.
자, 어떻게 할까요?

어떤 것들은 빨리 자랄 수도 있지만
어떤 것들은 시간과 수고가 더 필요하지요.
만일 말뚝을 뽑아 옮기고, 또 다시 옮길 경우에는
채소들이 얼마나 자라는지 발견할 수가 없을 거예요.

장소를 옮기지 않고 그냥 머무를 경우에
얼마 안 가서 그 곳의 불완전함을 알게 될지도 몰라요.
토양이 좋지 않거나, 상당히 먼 거리에서 물을 날라야 할지도…
심지어는 심은 것들이 영원히 나지 않을 수도 있고요.

당신의 마음은 이렇게 말하겠지요.
“여기서 채소가 자랄 것이라고 생각하다니 어리석군.”
이런 생각과 감정들이 올라와도
여기에 텃밭을 가꾸기로 선택했기에
우리는 물을 주고 잡초를 뽑고 땅을 일구지요.

이처럼 가치는 텃밭을 가꾸는 장소와 같고
가치를 선택하는 것은 텃밭 장소를 선택하는 것과 같아요.

가치란

가치는 'worthy & strong'을 뜻하는 라틴어에서 나온 말
영향을 미친다는 말과 같은 어원이라네요.

가치란 삶에서 실현하기 원하는 것이에요.
가치는 의미를 만들고, 일관성을 주며, 행동을 유지시키고
무엇이 효과적인지 판단할 수 있게 해 주지요.

가치는 미래에 대한 것이 아니고, 현재에 대한 것이에요.
가치 선택의 순간부터 취한 모든 행동이 그것의 일부이고
그 방향으로 향하는 모든 과정에 가치가 있지요.

가치는 언어적으로 구성된 것, 포괄적이며 바람직한 것
자유롭게 선택된 삶의 방향이에요.
가치는 이성이나 외부 압력, 도덕적인 규칙으로 인한 것이 아니고
방향일 뿐 결과가 아니며, 종착점이 없는 여행이고요.

가치는 행동, 말이 아닌 삶의 방식이고
가치 지향적인 행동 자체에 내재적으로 보상이 담긴 것이에요.

가치는 행동의 질적 특성을 의미해요.
사물의 속성을 지닌 것이 아니고
계속 펼쳐지는 행위의 속성을 지니지요.

가치는 달성할 목표와는 다른 것이며
그것을 향해 바로 접근할 수는 있지만
결코 완료할 수 없는 것이에요.
순간순간이 무엇을 향해 있는가와 관련되는 것이지
도달할 수 있는 것이 아니고요.

가치는 이를 향해 다가가고 싶은 것이지 멀어지고 싶은 것이 아니에요.
가치는 항상 좋은 느낌을 수반하지는 않으며
고통을 수반할 수도 있어요.
가치 여정에는 실패의 고통이 따르지만
우리는 이를 인정하고 다시 가치 방향으로 나아갈 수 있지요.
가치의 길에는 장애물이 있기에 그 길이 항상 일직선은 아니고요.

가치는 평가될 수 없다는 점에서 완전하기에
패배란 없고 승리만 있지요.

가치를 확인하는 질문

당신이 마음 쓰는 것은 무엇인가?

당신은 어떻게 살기를 원하는가?

당신 삶에서 실현되기를 바라는 것은 무엇인가?

당신이 삶에서 중시하는 것은 무엇인가?

당신은 무엇을 중요하게 여기는가?

당신이 살기 원하는 삶의 속성은 무엇인가?

당신에게는 무엇이 의미 있는가?

당신은 어떤 사람이 되기를 원하는가?

삶에서 실현될 것을 자유롭게 선택한다면
당신은 무엇을 선택하겠는가?

깊이 지닌 당신의 열망에 대해 담대하다면
당신은 무엇을 이루길 원한다고 말하겠는가?

당신이 삶에서 구현하고 싶은 특성은 무엇인가?

당신이 개인적으로 생각하는 '잘 사는 삶'이란 어떤 삶인가?

당신이 의미 있는 삶을 살고 있다면
어떻게 살고 있을까?

삶의 마지막에 이르러서 돌아볼 때
당신의 삶이 어떤 여정이었기를 바라는가?

무엇이든지 가능하다면
아무도 웃거나 불가능하다고 말하지 않는다면
당신은 무엇을 이루길 원하는가?

당신이 죽는 날까지 무엇이 실현되도록 산다면
무엇이 실현되겠는가?

당신 행동에서 드러나길 원하는 속성은 무엇인가?

삶에서 그것이 부재할 때
당신이 느끼는 고통이나 대가가 큰 것은 무엇인가?

이 세상을 살면서 당신이 되고 싶은 사람은 어떤 사람인가?

삶의 끝에 이르렀을 때
당신이 "아, 잘 살았구나!"라고 말하는 삶은 어떤 특성을 갖는가?

달콤한 순간

당신 삶에서 느낀 달콤한 순간을 기억해 보세요.
야구 방망이에 공이 탁 맞는 순간처럼
희열을 느끼며 반짝거리던 순간을

그때의 경험으로 돌아가서
기쁨이 그대로 흘러넘치게 놔두세요.
해 저무는 하늘처럼
노을빛으로 물드는 희열이 퍼지고 있는
그 순간에 머물러 보세요.

이제 마음의 서랍을 열고
그 달콤한 순간과 관련된 사진을 꺼내
그 사진을 훑어보세요.

그 순간 그 장소에 들어가 보세요.
그 장소에서 눈을 뜨는 것을 상상하고 주변을 바라보세요.
그 사진 속의 당신 얼굴을 바라보고
주변에 있는 것에도 주의를 보내세요.

그때 거기에 누가 있었나요?
당신은 무엇을 하고 있었나요?
무엇을 느끼거나 생각하고 있었나요?
그 장소에서 느껴지는 것을 느껴 보세요.

산들바람을 느낄 수도 있고
당신과 맞닿은 누군가의 피부에서 온기를 느낄 수도 있겠지요.
누군가의 내음을 맡을 수도 있고요.

그 순간의 달콤함이 숨을 들이쉴 때마다 당신을 채우듯이
그 순간의 풍요로움을 느껴 보세요.
여전히 그 달콤함이 당신에게서 흘러나오도록 하세요.

그 달콤한 순간을 회상하면서
그 순간에 나타난 존재나 행위의 속성이 무엇인지
그것이 의미하는 바를 떠올려 보세요.

마음에 떠오르는 것 중에서
당신에게 기쁨과 생기를 주는
당신의 가치에 대해 말해 주는 바를…

종이에 그림으로 그려 봐도 좋아요.
당신이 어떻게 살기를 원하는지에 대해
그 달콤한 순간이 보여 주는 바를 마음속에 그려 보는 거예요.

이제, 편히 앉아 그린 그림을 들여다보세요.
당신이 소중히 여기는 가치에 대해 무엇을 말해 주고 있나요?
느끼고 감지되는 것을 어떤 단어로 표현할 수 있을까요?

떠오른 단어에 공명하는 느낌이 든다면 그 그림 밑에 적어 보세요.
삶에서 실현되기를 바라는 것과 연결되는 느낌이 드나요?

이 가치가 행동으로 나타나기 위해 무엇을 하면 좋을까요?

벽에 못을 박아 그림을 걸어 놓듯이
이 그림을 당신의 의식에 고정시켜 보세요.
그림 밑에 적은 단어들도 함께
당신의 의식 속에 자리 잡도록…

어떻게 살고 싶은가요?

어떻게 살고 싶은가요?
삶의 가치를 묻는 질문입니다.
당신이 살기 원하는 삶의 속성을 말해 보세요.

나는 __어떻게__ 살고 싶다

'어떻게'에 해당하는 말을 아래에서 골라 보세요.
당신에게 열정과 생기, 힘을 선사하는 말이라면 얼마든지…

자유롭게, 지혜롭게, 자애롭게, 아름답게, 평화롭게, 정의롭게, 이롭게, 여유롭게, 명예롭게, 새롭게, 존경스럽게, 자비롭게, 친밀하게, 진실하게, 공정하게, 친절하게, 성실하게, 정중하게, 성숙하게, 충실하게, 공평하게, 단순하게, 정직하게, 유능하게, 선하게, 소박하게, 건강하게, 근면하게, 안전하게, 유머 있게, 통찰력 있게, 배려 있게, 영향력 있게, 의리 있게, 권위 있게, 창조적으로, 모험적으로, 학구적으로, 영적으로, 사랑으로, 전통적으로, 호기심으로, 영적으로, 해학적으로, 나눔으로, 진심으로, 효율적으로, 창의적으로, 교감하며, 성장하며…

끌리는 몇 개의 단어를 원하는 대로 골라서
"나는 __어떻게__ 살고 싶다."라는 문장에 넣어 반복해서 읽어 보세요.

어떤 느낌이 드나요?

이제부터 이렇게 행동해 볼래요?

판단과 선택, 그리고 가치

가치는 선택을 하는 거예요.
선택이란 '이유들' 중에서 고르는 것이지
'이유를 위해' 고르는 것이 아니고요.

'이유를 위해'라는 말은 이유로 인해 이끌리고
이유로 설명되거나 정당화되는 것인데
선택은 좀 다르지요.

선택이란 이유들 중에서 고르는 것
선택은 설명되거나 정당화되거나
평가, 판단에 연결되거나 이끌리지 않아요.

동물들은 선택을 할 수는 있지만 판단을 하지는 못해요.
인간은 언어를 사용하기 때문에
동물이 자연스럽게 할 수 있는
선택을 하기가 어려울 수 있어요.

선택과 판단을 구별해 볼까요?

왜 그 선택을 했는지 물어볼 때
어떤 이유를 위해 행동을 취했다고 한다면
이는 선택을 한 것이 아니라 판단을 한 거예요.

왜 선택을 했는지 계속해서 물어볼 때
최종적으로 이유가 없고
'그냥', '모르겠어요.'라고 한다면
이는 가치를 선택한 거예요.
가치는 이유 그 자체이지요.

판단의 잣대

"사이다 마실래? 콜라 마실래?"
"사이다!"
"왜?"
"콜라는 건강에 안 좋으니까."
이 사람은 건강을 기준으로 판단한 것이군요.

또 다른 누군가는
"나는 콜라!"
"왜?"
"콜라가 맛있으니까."
이 사람은 맛을 기준으로 판단한 것이고요.

무언가를 결정할 때
우리는 판단 잣대로 평가를 하는데
그 판단 잣대가 바로 가치예요.

대답에 대해 '왜'냐고 더 물어보면
"건강은 왜?"
"그냥, 건강이 중요하지."

"맛은 왜 ?"
"그냥, 맛있는 게 좋지."

이유 없이 그냥 중요한 것, 그냥 좋은 것
최종 판단의 잣대가 바로 가치에 해당해요.

결정의 연속인 삶
삶의 가치를 알아차리고 잘 연결되기를…

가치의 어원이 '스트롱'인 것처럼
가치는 우리에게 힘을 주고
우리를 강하게 만드는 힘이에요.

동전의 양면과 보물찾기

가치를 두는 것과 고통을 느끼는 것은
동전의 양면과 같아요.

중요한 것이 상실될 때
우리는 고통을 느껴요.

중요하지 않은 것이라면
상실이 그다지 아프지 않을 수 있겠지만

중요한 것을 상실했을 때는
그만큼 아프지요.

우리가 고통을 느끼는 일은
그것이 우리에게 중요하다는 의미를 나타내지요.

상실의 고통이 아프게 느껴지는 건
그만큼 우리에게 의미가 있다는 뜻

주목해 보세요, 상실의 고통을…
얼얼하도록 그것이 우리에게 보여 주는 의미를…

보물찾기하듯이 살펴보세요.
고통 뒤편에 담긴 삶의 가치와 기쁨을

가치를 선택한다는 것은 결국
고통을 선택하는 것과 같은 말이기도 해요.

고통을 피해 가는 것은
가치를 피해 가는 것이고요.

사랑스런 그대여,
고통이 선물로 변형되는 것을 경험해 본 적이 있나요?

보물찾기하는 아이처럼
고통 뒤편에 숨겨진 보물을 찾아볼까요?

고통과 씨앗

생의 기쁨과 고통은 서로를 친구 삼고
고통과 가치는 서로 손잡고 함께 걸어가니
고통을 외면하지 말고 소중히 다루고 살펴보아요.

생각이 일으킨 고통이라면 그건 가짜 고통
허구임을 깨달으면
벗어나는 기회를 얻을 수 있을 거예요.

실제적인 고통이라면
고통이 가리키는 의미를 확인해 보아요.

고통이 중요한 상실을 반영한다면
무엇을 상실한 것인지, 바로 거기
고통 반대편에 가치가 들어 있으니

깨어 있는 마음으로
고통 속에 숨은 보물을 찾아봐요.

의미가 담긴 씨앗을 찾는다면
싹 틔우고 가꾸는 풍요로운 길로
들어가는 문에 이른 것이니

고통을 뒤집어 보아요

감정으로 느끼는 고통을 생각으로 덧칠하지는 마세요.
더러운 고통으로 변해서 힘들어질 뿐이니

깨끗한 고통은 뒤집어 반대편을 보아요.
고통은 원하는 바를 가리키고 있을 수 있으니

무능한 게 고통이라면
유능한 걸 원한다는 의미

단절이 고통이라면
연결을 원한다는 의미

소외가 고통이라면
소속을 원한다는 의미

배신이 고통이라면
신뢰를 원한다는 의미

외로움이 고통이라면
함께하기를 원한다는 의미

깨끗한 고통을 뒤집어서 반대쪽을 살펴봐요.
가려진 삶의 의미를 확인할 수 있도록…

리마인더

우리가 마음 쓰는
감정, 생각, 기억, 감각 같은
심리적 경험들은

그것과 관련된 어떤 가치에 우리가
관심을 가진다는 의미를 담고 있어요.
고통스런 경험은 비중가가 있음을 나타내기도 하고요.

이제, 마음 쓰이는 심리적 경험이 있다면
관련된 의미에 우리가 가치를 둔다는 것을
일깨우는 리마인더로 삼으세요.

고통이 없기를 기대하기보다는
가시 같은 고통 아래 담긴 알밤처럼
토실토실 가치가 익어 가는 삶을 기원하면서

리마인더로 삶의 방향을 다잡고
어떻게 살 것인지를 일깨우는 기회를 재차 얻는다면
우리네 삶의 질이 높아질 거예요.

비밀리에

당신이 깊이 간직하고 있는 열망과 관련된
그 열망이 드러나는 행동을 하나 골라서
비밀리에 행한다면…

아무도 모르게
밝히지 않은 채 익명으로
당신이 관심 가지는 이유만으로
그냥 행동하는 데
마음을 쓴다고 상상해 보세요.

어떤 행동을 시도할까요?
어떤 목표를 실행할까요?

당신에게 중요한 것을 위한 행동을
비밀리에 해 보는 경험은 어떨까요?

그것을 아무도 모른다고 해도 지속할까요?
그래도 좋다면 당신의 가슴에서 우러나온 것이에요.

만일 그렇지 않고
사회적 인정이나 자존심을 유지하려는 행동이라면…
좋아요, 그것을 통해 당신이 바라는 것이 무엇인지
가슴속으로 더 깊이 들어가 살펴보는 기회로 삼으세요.

새해 당신의 이야기

내년은 당신이 누구인지 드러나는 해가 된다면…

'더 온전하게 당신이 되어 가는' 과정은 어떨 것 같은가요?

어디서 성장하고 싶은가요?

어떤 사람이 되고 싶은가요?

만약에 '새해의 삶'이라는 글을 쓴다면
주제는 무엇이 될까요?

새해에 당신이 되고 싶은 것에 대한
당신의 새로운 이야기를 만들어 볼래요?

어떤 사람이 되고 싶은가요?

만일 올 한 해 동안
온전한 자신이 되어
내가 마음 쓰는 것들을 한다면
무엇을 하고 있을지
그 과정이 어떻게 펼쳐질지
상상해 보세요.

어떤 사람이 되고 싶은가요?
오늘 또는 이번 주에 할 일을 적는 목록 말고
어떤 사람이 될 것인가를 적는 목록을 만들어 보세요.

오직 나만의 목록이에요.
볼 사람은 오직 나 외엔 아무도 없어요.

자신에게 물어보세요.
내 인생이 끝날 때쯤
내가 어떤 사람이 되어 있기를 바라는지…
어떤 사람으로 기억되기를 바라는지…

자신이 정말로 관심을 가지는 것들만 적어 보세요.
사용하면서 수정해도 좋아요.
자신의 언어로 만드는 목록이에요.

이 목록을 안내자 삼아 오늘부터 살아가세요.
구체적인 행동부터 시작하는 것이 유용할 거예요.

가치 갈등과 우선순위

우리가 삶에서 소중하게 여기는 가치는 여럿일 수 있어요.
그것들 간에 우열을 가리기 어려울 만큼 비슷하게 중요하다면
그 사이에는 갈등이 생기기 마련이에요.

예를 들어
직업적인 유능성에 의미를 두고 열심히 일해 오다가
아이를 낳고 나서 자녀를 양육하는 것도 중요해진다면
두 가치가 충돌해서 갈등이 생길 수 있지요.

일하느라고 자녀 양육을 제대로 못 하면 속상하고
자녀를 양육하느라고 일을 제대로 못 해도 속상하겠지요.
이럴 때 필요한 것은 우선순위를 정하는 일이에요.

몇 년간은 자녀 양육에 우선순위를 두거나
또는 일에 우선순위를 둘 수 있어요.
아니면 주말에는 자녀양육에 우선순위를 두고
주중에는 일에 우선순위를 둘 수도 있고요.

어느 한 가치가 우선일 때는 그 가치를 우선으로 살고
다른 한 가치가 우선일 때는 그 가치를 우선해서 살지요.

우선순위에서 뒤인 다른 가치에 대해서는
제대로 실행 못 하는 아쉬움과 속상함
머릿속의 시끄러운 소리들이 일어날 수 있겠지만

이들을 기꺼이 품어 안고
우선을 둔 가치에 전념하지요.

평생 자신에게 던지는 질문

우리가 평생에 걸쳐 자신에게 던지는 질문이 있어요.

우리가 곰곰이 알아차리면서
뼛속까지 자신의 것으로 만들어야 하는 질문
우리의 삶을 인도하게 만드는 질문이에요.

과거 경험이나 생각에 기반을 둔 허구적 구성물인
마음이 지어낸 내면의 이야기를 넘어서
열린 호기심을 가지고 질문을 던져 보세요.

"세상에 오직 하나뿐인 내 길은 무엇인가?"

"내가 진정으로 하고 싶은 일은 무엇인가?"

"내 가슴이 열망하는 것은 무엇인가?"

"이 순간 내 존재가 진정으로 원하고 있는 것은 무엇인가?"

"나는 어떻게 살고 싶은가?"

"나는 어디로 향하고 있는가?"

"나는 누구인가?"

죽음이 두렵다면

죽음이 두렵다면
이는 살지 못함이 두려운 것
제대로 살고 싶다는 뜻이리.

제대로 살아 보지 않고는 제대로 죽을 수 없으니
넘어지거나 길을 잃을까 봐 두려워도
부르는 저 삶을 향해 걸어가리.

삶이여, 꽃봉오리 열리듯이
우리를 열어 주어라!

우리의 날들을 잘 살아갈 수 있도록
순간순간 삶의 뜻을 향해 비상하고
가슴의 빛이 열정으로 모아지기까지
마음을 자유롭게 하리.

세상은 알아보지 못하더라도 우주는 알아보리니
하나의 씨앗으로 와서 자라나고
꽃이 되어 온 누리에 향기 발하고
마침내 꽃이 씨앗 품은 열매로 변형되는 生을…

내가 쓰는 묘비문

아름다운 사람, 자유로운 영혼

아름다운 이 세상에서
만물과 교감하며

생의 진실에 대한 통찰을 얻고

생명과 사랑의 향기 발하다가

은총의 품에 영원히 안기다.

내 마지막 날

가만히 앉아서 상상해 봅니다.
이 땅 위에 이 몸으로 태어나서
몸에 의식이 깃들어 살다가
의식이 몸을 떠나 자유로워지는 날을…

나는 생을 마감하고
눈을 감은 채 관 속에 누워 있네요.
내 영은 이제 몸 바깥으로 나와
이 생의 마지막 장소를 둘러봅니다.

사랑하는 가족들이 둘러앉아 있군요.
햇살이 들어오는 방에 꽃들이 놓여 있고
꽃향기가 진동하네요.

이 땅에서 사랑했던 내 가족들
나와의 이별을 슬퍼하고 있어요.
서로 위로를 나누며
나에 대한 추억을 이야기하고 있네요.

내가 그들에게 헌신을 다했던 사랑을
그들에게 행한 성실과 친절을
내가 추구하던 자유와 진실과 아름다움을

나와 함께 나눈 이 생에서의 추억들을 떠올리며
잔잔하게 미소 짓고
함께 살면서 행복했다고 내게 인사하네요.

나를 기억하는 몇몇 사람들도 찾아와
내게 인사하고
내가 누운 관 위에 꽃을 헌화하네요.

나와 나눴던 삶에 대한 통찰과
자유, 평등, 진실과 지혜를 향한 열정을 기억하며
삶의 어느 여정에서 함께 만나
서로 영향받으며 성장할 수 있었던 것에 감사를 표하는군요.

여기는 내가 이 땅에 마지막으로 누워 있는 곳이네요.
창밖에는 나와 교감하던 풀과 나무, 새, 꽃
해와 달과 별, 그리고 구름과 바람…
거기서 나를 향해 손짓하는군요.

이 생에 사는 동안 서로 교감하던 미소와 사랑을 기억한다고
몸은 땅으로 스러지지만
한 우주의 품 안에 우리는 늘
함께 있을 거라고 노래하네요.

이 땅에서 생명이 있는 동안에
교감한 모든 생명들과 우주에게 나도
무게 없는 영의 인사를 허공으로 날립니다.

모두의 사랑 덕에 이 생을 풍성하게 경험하고
이제, 은총의 품으로 돌아간다고…

모두들 안녕!
우리 다른 모습으로 만나요!

VI

행동에 전념하는 길

행동하지 않으면 모든 것은 헛되다.

요한 볼프강 폰 괴테 ('파우스트' 중에서)

자신이 한 행동에 대해 모든 책임을 지고,
그것을 끝까지 전념하는 자만이 진정한 자유를 얻을 것이다.

표도르 도스토옙스키 ('까라마조프 가의 형제들' 중에서)

정원 가꾸기

정원을 가꾸기 원해서
가능한 장소들을 살펴보고 땅을 골라
씨앗을 심고 가꿉니다.

그 땅에 각종 씨앗들을 뿌리고 물을 주고
싹이 나서 잘 자라나기를 기다리는데
아무것도 나오지 않자 조바심이 나기 시작하네요.
씨를 제대로 심었는지, 물을 잘 주었는지 염려되고요.
물을 너무 적게 주었거나
너무 많이 주었는지 모른다고 후회하고
어쩌면 좋지 않은 땅을 선택한 건지도 모른다는 의심도 들어요.

어떻게 할까요 ?

다른 장소를 물색해서
씨를 파내어 다른 땅에 심고 기다리지만
여전히 싹이 나지 않네요.
기다려도 싹이 나지 않자
이 땅에서는 씨가 결코 자라지 않을 것이라는
최적의 땅이 아니라는 의문이 또 들기 시작해요.

당신이라면 어떻게 할까요?

정원을 고르는 것은 소중한 가치를 선택하는 것과 같아요.
씨는 가치를 위한 목표 행동
씨를 심는 일은 이를 실행하는 것과 같고요.
씨가 자라는 것은 목표를 이루는 것
거기에는 시간이 필요해요.

정원을 골랐다면 씨앗을 심는 게 필요하지요.
씨를 심지 않는다면 식물을 얻지 못할 테니까요.
정원을 가꾸기 위해 씨를 심어도 발아할지 불확실하고
자라는 데도 시간이 필요해요.

씨를 뽑아 다른 곳에 다시 심는다면
씨앗이 뿌리를 내리지 못하고 죽어 버릴 수 있을 거예요.
그동안 어느새 추운 계절이 될 수도 있고요.

이제, 정원을 가꿀 장소를 선택했다면 씨를 심을 거예요.
씨를 심어 놓고 나서
조바심이 나고 염려가 되며 의심이 들어도 기다리고
기꺼이 물을 주며 거름을 줄 거예요.

전념으로 행동하는 것은 이와 같아요.

개울물을 건너

멀리 보이는 아름다운 산을 향해 길을 떠났어요.

한참 걸어 나가는데
앞에 개울이 가로막고 있네요.

개울물을 건너갈까?
옷과 몸이 젖으면 힘들지 않을까?
물에 휩쓸리지는 않을까?
그래도 건너갈까?

산을 향하는 여정을 포기할까, 개울물에 들어갈까?
우리는 선택을 해요.

개울물 속으로 들어가는 걸 선택한다면
물에 젖기를 원하기 때문이 아니라
그 산에 가기를 바라기 때문이지요.

인생도 이와 같아서…
장애물이 나타날 때 우리는
의도한 방향을 다시 확인하는 게 필요해요.

그 방향으로 가기 위해서라면
장애물을 건너는 선택을 하겠지요.

물방울의 여행

바다를 향해 여행을 떠난 물방울이
길을 따라 움직이고 있는데
다른 물방울이 나타나 길을 막을 때
선택은 두 가지
바다로의 여행을 멈추거나
다른 물방울에 닿아서 그것과 더불어 계속 가거나…

감정, 생각, 감각 등이 장애물일 때
선택은 두 가지
그것을 품을 것인가, 품지 않을 것인가?
자신만이 그 답을 선택할 수 있어요.

삶에서 지향하는 방향이 있기에
그 방향으로 전념해서 나가기 위해
우리는 "예"라고 대답하고
그것과 함께, 그것을 품고
계속 나아가지요.

버스 운전기사

저는 삶이라는 버스를 운전하는 기사예요.
제 버스에는 생애 정거장마다
생각이나 감정 같은 내적 경험이라는 많은 승객들이 탔어요.
그들은 내리지 않는 승객들이래요.
더하기만 있고 빼기가 없는 우리 뇌에 탄 승객이라서

제가 운전을 할 때 어떤 승객들은
"이렇게 해라, 어디로 가야 한다, 왼쪽으로 돌려라, 오른쪽으로 가야 한다."
명령하고 위협해요.
말하는 바대로 하지 않으면 앞으로 달려 나올 것만 같아 무섭기도 해요.

이런 승객들을 어떻게 할까요?
"버스 뒤에 앉아서 조용히 하세요.
여러분들이 말하는 대로 할 테니까."라고 말할까요?
그러면 제가 가려던 방향과 다른 방향으로 가게 되는데…

아니면, "그렇게 하기 싫어! 저들을 밖으로 쫓아내겠어." 하며
버스를 세우고 운전석에서 내려 뒷자리 승객들과 싸울까요?
그들은 완강해서 내리지 않아요.
그들과 씨름하느라 애써도 소용이 없어요.
버스는 멈춤 상태가 되고…

그들이 버스에 없는 것처럼 무시하고 버틸까요?
자기네 말을 무시한다고 그들은 더 큰소리로 아우성을 쳐요.
다루기가 더 힘들어지네요.

그들이 말하는 대로 안 하면
버스 앞으로 나와서 운전을 방해할 것 같아서
그들이 말하는 대로 하거나 그들과 싸우려는 건데
그들을 통제하려 할수록 버스를 운전하기 힘들어져요.
어쩌죠?

가만히 생각해 보니…
그들은 운전사가 아니고 승객이네요.
제 버스를 운전하는 건 운전사인 저이고요.

이제, 저는 승객들이 뭐라고 떠들어 대도
목적지를 향해 운전할 거예요.
승객들이 소란스럽게 굴어도 운전을 멈추는 일 없이
운전을 잘 하는 데 신경을 쓸 거예요.
목적지까지 가는 게 중요하니까요.

산 정상에 오르는 길

등산로의 길은
내려갔다 올라갔다, 지그재그, 나선형
길을 내려갔다 올라갔다 하다 보면
아까 전에 도착한 지점보다 아래로 내려오는 경우도 있어요.

등산로 어느 지점에서
목적지인 정상에 얼마나 도착했는지를 보면
정상으로 올라가던 길에서 다시 내려온 것 같아서
잘못 가고 있는지 모른다고 생각할 수도 있지요.

멀리서 정상에 이르는 길을 본다면
잘 가고 있다고 말할 수 있을 거예요.
지금 보이는 대로가 전부는 아니고
더 큰 맥락에서 전체적으로 볼 수 있으니까요.

등산로를 전체적인 방향에서 보면
꼬불꼬불 구부러진 등산로를 따라가면서
정상에 이를 수 있다는 것을 알 수 있고
얼마나 왔는지도 알아볼 수 있지요.

우리가 목표에 이르는 여정은 이처럼
산 정상에 오르는 길과 같아요.
내려가는 것처럼 보일 때에도
정상을 향해 가고 있는 과정이지요.

과정이 없는 목표

결과는 과정을 통해 거기에 이르는 과정이에요.
과정이 없는 결과는 어떨까요?
목표를 추구하는 과정이 없다면…

스키를 타러 리프트로 언덕 꼭대기에 올라갔어요.
막 스키를 타려는데, 누군가 어디를 가느냐고 물어서
저 아래 목표 지점을 가리켰어요.

그 사람은 도와주겠다며
헬리콥터에 태워 목표 지점까지 날라다 주었어요.
어리둥절한 채, 다시 언덕 꼭대기까지 리프트로 올라갔어요.

막 스키를 타려는데, 그 사람이 다시 나타나
헬리콥터로 아래까지 태워 주네요.
어떨까요?

스키를 타는 것이 중요한데, 중요한 게 빠져 버리네요.
단지 목표 지점까지 가기 위해서
스키를 타는 것은 아니니까요.

과정이 중요하다는 말이지요.
목표는 필요하지만, 목표에 이르는 결과에 매이면
진짜 중요한 게 빠져 버리는 셈이에요.

전념을 위해

해야 한다는 생각으로 자동 조종되는 시간은
자동기계같이 움직이며 정신없는 세월
방향 감각이 사라져요.

해야 한다는 생각에 씨름하며 저항하는 시간은
뭔가에 갇힌 느낌으로 정신없는 세월
에너지가 소진되고 힘들지요.

잠깐 멈추어 정신을 차리고
가슴이 가리키는 방향을 확인해 보세요.
그리고 필요한 행동을 한 걸음씩 시도해 보세요.

가치를 비난의 회초리로 삼지 말고
그 방향으로 가는 행동이라면
단 한 걸음이라도 좋아요!

한 걸음의 전념이 습관이 될 때까지
유지하기 위해 그다음에는
또 한 걸음의 전념을 계속해 보세요.

노력이 아니라 그냥 하기

수용전념치료ACT에서 말하는
가치 방향에 전념하는 것은
그냥 행하는 것이에요.
행하거나 혹은 행하지 않는 것 중에서 고르는 것일 뿐
노력하는 것이 아니랍니다.

자, 펜을 집으려고 노력해 볼래요?
노력하는 것은 어떻게 하는 건가요?
펜을 집는 걸까요? 집지 않는 걸까요?
어느 쪽도 아니면서 힘이 들어가지요?

이번에는 펜을 그냥 집어 보세요.
그냥 펜을 집지 말아 보세요.
그냥 하는 것은 둘 다
노력하는 것보다 확실히 쉽고 단순하죠?

수용전념치료의 전념이란
노력하는 것이 아니고
행하거나 행하지 않는 것 중에서
하나를 골라 그냥 행동하는 것이랍니다.

자, 이제부터는 노력하지 말고
그냥 행동해 보세요.
아니면 행동하지 않거나…
ACT의 전념은 노력하는 것이 아니랍니다.

전념과 뛰어내리기

수용전념치료ACT의 전념은
뛰어내리기와 같아요.
전적으로 행하거나 행하지 않는 것 중에서 고를 수 있을 뿐이지요.
중간까지만 뛰어내릴 수는 없기에
전념은 행하거나 행하지 않는 것이에요.

높은 곳에서 뛰어내리기로 했다면
뛰어내리기 무서워도
뛰어내리는 것을 선택하거나
뛰어내리지 않는 것을 선택할 수 있을 뿐이에요.
조금만 뛰어내리는 것을 할 수가 없지요.

조금 낮은 곳에서 뛰어내리기로 정할 수는 있어도
뛰어내리기 자체를 조금만 할 수는 없는 것처럼
전념을 유지한다는 것은
하거나 하지 않는 것 중에서
감행을 하는 것이지요.

누구를 위한 전념인가?

가치를 지향하는 삶을 살면서
행동에 전념할 때
우리는 가치가 주는 힘을 받으며 전념하지요.

잠깐, 자신에게 질문해 보세요.

누구를 위한 전념인가요?
진정으로 당신에게 중요한 가치를 위한 것인가요?
전념은 당신을 위한 것이에요.

다른 누군가의 승인이나 인정을 위한 것이라면
다른 누군가에게 영향을 받은 것이라면
가치가 주는 힘을 받지 못할 수 있어요.

다른 사람이 모르거나 무시하거나 비판하더라도 전념할까요?
다른 누군가가 아닌 바로 당신의 삶을 위해
당신의 가치가 주는 힘으로 전념하기 위해

잠시, 자신에게 질문해 보세요.
누구를 위한 전념인지?
당신의 가치를 위한 것인지?

나침반과 봉우리

우리의 가치는 나침반과 같아요.
우리가 길을 잃었을 때 나침반이 있다면
방향을 찾아서 갈 수 있지요.

남쪽을 향해서 가고자 한다면 나침반으로 확인해요.
나침반 바늘은 남쪽 지평선에 보이는
산봉우리 같은 목표를 가리킬 것이고
산봉우리가 보이면 당분간 나침반을 보지 않고도 갈 수가 있지요.

자, 이제 그 산봉우리 앞에 도착했다면 어떻게 할까요?
남쪽에 다 온 건가요?
아니면 더 나아갈 남쪽이 여전히 앞에 있나요?
한 봉우리까지는 도착했지만
남쪽이라는 방향은 계속 이어지겠지요.

돌보는 부모가 되는 것이 당신의 가치라면
그 길은 여럿 있고
길들은 계속해서 이어지며
우리는 여러 목표들을 지나 또 나아가겠지요.

그것에 끝이 있을까요?

하나의 봉우리 앞에 이르는 여정이 끝나도

살아 있는 한 계속해서 우리는

나침반이 가리키는 방향으로 다른 봉우리들을 지날 거예요.

우리의 삶은 그렇게 이어지는 여정이지요.

유능함에 대한 갈망

유능하고자 하는 우리의 갈망은 타고난 것이네.
우리는 살고, 사랑하고, 놀고, 솜씨 좋게 창조하기 위해
이 세상에서 효율적으로 행동할 수 있기를 바라지.

아이들은 끊임없이 탐색하고 논다네.
도구를 사용하고 공을 던지는 것과 같이
간단한 일을 배우느라 겪는
수차례의 시행착오에 기꺼이 시간을 들이지.
아이들은 어떻게 하는지 알고 싶어 하고
행동 그 자체에 보상이 들어 있기에
외적 보상을 제공할 필요가 없다네.

아이들은 줄넘기나 나무 도막 쌓기 놀이 방법을 배우는 데
끝없는 시간을 보내지.
이러한 갈망은 우리 안에 이미 내장되어 있는 것이라네.
새로운 기술을 배우는 것은 즐겁고 만족스럽고 매력적이지.

외부로부터 오는 보상이 일시적으로 도움이 될 수는 있고
부모가 좋아하는 것이 학습에 중요했을 수도 있으며
부모의 격려가 피아노 레슨을 유지하게 만들었을 수도 있지만
내적으로 즐겁지 않고 만족스럽지 않은 것을 배우기란
힘들다는 것을 우리는 알고 있다네.

외적 보상이 내적 동기를 눌러 버릴 수는 없지만
자칫 내적 동기가 눌러진 사람이 될 수도 있지.
우리의 성취가 우리에게 진짜로 의미 있는지와 별개로
칭찬받고 남을 기쁘게 하고 싶은 욕구에 쉽게 이끌릴 수 있기에
하지만 그런 만족은 시간이 지남에 따라 희미해진다네.
다른 사람들의 박수갈채가 공허하게 느껴지는 날이 오고야 말지.

일이 험난하고 잘 풀리지 않을 때
우리는 좌절하고 자신에게 화를 내며
그 일을 계속해 나갈 이유를 찾으려고 애쓰느라 허우적거릴 수 있지.
자신의 능력을 증명하는 데 강박적으로 매달리게 될 수도 있고
완벽하지 않음에 대한 수치감으로 회피적이 될 수도 있다네.
실패감이나 실패의 불안을 피하려고 지연 행동을 하기도 하고…

새로운 행동에서 즉각적으로 큰 성과를 볼 수 없다는 것은 자명하다네.
우리는 즉각적으로 유능해지지 않기 때문이지.
유능함의 여정에서 수많은 좌절, 심지어는 고통을 경험할 것인데
만족이 즉각적으로 오지 않고 지연된다는 것이
우리가 겪는 어려움 중 하나라네.
새로운 길을 추구하면서 우리는 틀림없이 비틀거릴 것이고
원래 행동으로 되돌아가거나 회피의 길로 들어갈 수도 있겠지.

하지만 어설픈 새로운 행동들을 반복하고
축적해서 거듭 쌓일 때 얻는 만족이
바로 우리가 갈망하는 유능함이라네!

영웅의 여정

삶은 영웅의 여정이라네.

삶의 도전들 앞에서 고통과 두려움을 느끼지만
자기 의심과 실수, 그리고 실패, 좌절과 씨름하면서
잘못된 신념과 제한적인 관점들을 깨달아 간다네.

어두운 시간을 통과하면서 내면의 자원을 발견하고
동료 인간과 유대하며 헤쳐 나가기도 하지.

두려움, 자기 의심, 환상과 마주하면서
개념적인 작은 자기는 떨어져 나가고
넓고 열린, 연결된 자기에 대한 감각이 나타난다네.

가치에 대한 헌신에 전심으로 관심을 돌리고
전념하는 행동을 통해 여정을 완수하면
변형된 존재로서 일상을 다시 살아 나가지.

이는 유연한 마음을 얻는 여정이라네.

힘든 감정과 생각들을 열린 마음으로 마주하고
제한적인 자기 이야기를 놓아 버리며

자신과 상황을 새롭게 볼 수 있게 해 주는 자원을 내면에서 찾고
깊고 더 진정한 자기 감각에 연결되며

선택한 목적과 연결되고
이를 이루는 데 도움이 되는 행동을 찾아
인내심을 갖고 그에 전념하는 것

삶의 여정에서 이 유연성의 기술을 습득하면서
어려움을 견디고 꾸준히 해 나가는 길 위에
삶의 의미와 목적이 주는 풍요로움이 깃든다네.

장애물을 넘어 가치 방향으로

가치에 전념하는 길에는
우리 행동을 가로막는 심리적 장애물이 있기 마련이랍니다.
길을 출발하면서 그 장애물을 확인해 보세요.

어떤 종류의 장애물인가요?
'원하는 결과를 얻지 못하면 어찌하나'와 같은 부정적인 생각인가요?
두려움과 불안, 수치감과 같은 부정적인 감정인가요?
가족의 반대나 경제적 어려움과 같이
외부 상황으로 생기는 부정적인 생각과 감정인가요?
다른 가치와의 충돌로 인한 혼란인가요?

가치를 둔 행동에 몰입하는 것은
언제나 우리의 심리를 자극하고
행동에 장애물로 기능할 수 있어요.

우리가 갑자기 꼼짝 못 하게 되는 것이 아니라
이런 고통스런 심리를 피하느라
가치 전념 행동을 멈춰 버리고
나아가지 못하게 되는 것이지요.

자, 가치 전념의 길에 놓인 장애물이 무엇이든지
그것을 있는 그대로 인정할 준비가 되어 있을까요?

그것을 위해 공간을 마련할 수 있을까요?
방어나 저항 없이 장애물을 기꺼이 맞이할 수 있을까요?

"어서 와, 친구!" 인사를 나누고
가치 방향으로 행동을 계속할 수 있을까요?

오뚝이처럼

가치에 일치되게 늘 행동하나요?
아니어도 괜찮아요.
대부분은 목표를 세우고 실패를 해요.
털고 일어나 다시 한번 도전하지요.

우리는 추구하는 가치에
들어맞게 행동할 때도 있고
적합하지 않은 행동을 할 때도 있어요.

자신의 가치에서 벗어나 있는 것을
알아차리는 바로 그 순간, 숨을 고르고
벗어나 있다는 것을 알아차린 후에
다시 부드럽게 돌아오면 됩니다.

늘 가치를 향한 행동으로
부드럽게 다시 돌아오는 과정이 바로
큰 차이를 만드는 것이니

늘 오뚝이처럼 일어나서
해바라기가 해를 향하듯이
당신의 가치를 향해 언제나
돌아서면 된답니다.

전념의 장애물이 고개를 들 때

전념을 강화할 수 있는 좋은 방법 중 하나는
최소한 한 가지 어려운 일을 해 보는 거예요.

가치에 전념할 때 마음은 자꾸 가치 평가를 할 거예요.
이런 마음으로 쉽게
가치는 우리 머리와 귀를 때리는
몽둥이로 바뀔 수 있답니다.

내부 독재자의 목소리처럼 말하기 시작하지요.
"전념을 유지하는 사람이 되어야 해."
"전념을 유지하지 못하면 나는 형편없는 거야."
"전념을 유지하지 못하면 죄책감을 느낄 거야."

전념 행동 자체가 중요하다는 식으로
전념이라는 판단의 틀에 빠져 버릴 수 있답니다.

죄책감, 수치심, 자기혐오, 자기비판, 응종
그리고 감정적 회피가 줄지어 서 있는 강도의 소굴에서
"전념"하게 될 수 있지요.

이들은 보기 싫은 얼굴을 한 장애물이에요.
전념 행동을 유지해서 유능해지는 길 위에 잠복한 장애물이죠.

이들이 고개를 들 때마다 잘 알아차리세요.

전념을 빼앗기지 말고

다시 가치 방향을 확인하고서

그냥, 전념하세요!

내부 독재자의 말을 넘어 유능의 길로

능력은 긴 과정 속에서 조금씩 쌓여 가는 축적의 산물이거늘
유능함에 못 미친다고 우리를 엄격하게 비판하는
내부 독재자의 소리는 방해가 될 수 있다네.

성공이란 계속되는 배움의 과정이거늘
내부 독재자는 최종 결과를 독촉하기 일쑤지.
그 결과까지는 오랜 시간이 걸리는 법이라서
결과에 집착할수록
작은 배움의 걸음이 어려워질 수 있다네.

문제해결적인 마음인 내부 독재자는
그 미래를 지금으로 가져오라고 안달하고
그 미래의 성공과 외적 보상에 대한 집착은
능력을 쌓는 과정을 계속하려는 우리의 의지를 약화시키지.

즉각적인 보상이 지연된 보상을 지배하는 것이네.
우리의 뇌 기제는 즉각적인 만족이 강화되지 않으면
행동 습관은 확립하기가 지독히 어렵기 때문이지.

우리가 무언가를 시작하자마자
곧 잘하게 될 것이라고
마음이 말하면
그 말에 걸려들지 말게나.

서툶에서 배우는 즐거움을 잃고
그 열정에서 벗어나 주의를 다른 데로 돌리거나
두려움 때문에 완벽주의나 일중독에 빠지기도 한다네.

유능함에 대한 갈망을 가지되
그 뒷면 얼굴인 서툶과 무능감과 함께
배움의 과정으로 늘 돌아오게나.

배움의 즐거움과 조그만 진전에 만족을 느끼면서
배워 가는 행동들이 모아져 쌓일 때까지 전념하기를…

그 과정이 유능함을 추구하는 길이며
그 결과가 유능함이라네!

옷장 채우기

옷장을 떠올려 보세요.
텅 비어 있는 옷장을

이제 당신이 추구하는 가치를 생각해 봐요.
그 가치에 적합한 행동이 무엇인지 생각해 보고요.

당신의 가치에 들어맞는 행동이라면
사소한 행동이라도 좋으니
각 행동을 서랍에 넣어서
옷장 서랍을 하나씩 채워 보세요.

예를 들어
좋은 배우자가 되는 것에 가치를 둔다면
힘든 일과를 마치고 집으로 돌아오는 배우자를 현관에서 맞는 행동
말다툼할 때 상대방의 말을 주의 깊게 듣는 행동
배우자가 고른 식당이나 영화에 기분 좋게 동의하는 행동

이렇게 당신이 할 수 있는 여러 행동으로
서랍을 가득 채워 보세요.

한 서랍이 가득 차면 이제 다른 가치를 떠올리고
그에 필요한 행동으로 다른 옷장 서랍을 채워 보세요.

매일같이 서랍에 있는 옷을 꺼내 입는 것처럼
당신의 일상에서 필요한 행동을 꺼내 입고
움직이는 것이 가치를 실현하는 과정이지요.

새로운 습관을 옛 습관 위에

새로운 행동을 습관으로 정착시키기 원한다면
옛 습관 위에 새로운 행동을 조금씩 덧붙여 가세요.

그 새로운 행동이 습관으로 붙으면서
그 습관이 또 다른 새로운 행동을 촉발할 수 있게 만들면 좋지요.

습관들을 조금씩 결합시키면
새로운 행동이 차갑게 굳어 버리지 않아요.

습관으로 자리 잡게 될 때까지 반복하는 것이
좋은 습관을 만드는 좋은 길이랍니다.

딱 한 걸음

우리의 뇌는 하던 대로 계속하는 훌륭한 성향이 있어요.
항상 해 왔던 일이기에 그 행동을 지속하는 성향인데
패턴대로 하는 경직된 습관에 빠지기도 쉽지요.

이럴 때 행동에 조그만 변화를 시도하면
시간이 지남에 따라
큰 변화를 만들어 낼 수 있어요.

처음에는 간단하고 빠른 변화를 만드는 것이 좋아요.
쉽고 작은 행동부터 시작하는 거예요.
보다 더 작은 행동으로 전념하는 것이 이롭지요.

독서 시간을 10분으로 하거나
밥 두세 숟갈을 덜 먹거나
정신없이 보던 프로그램 중 하나를 끊어 보는 예처럼

행동 변화가 크고 작은 것은 중요하지 않아요.
하던 대로 하지 않는 새로운 길로 내딛는 딱 한 걸음이
패턴에서 벗어나 다른 길을 내는 시작이 되지요.

자꾸 걷다 보면 길이 나게 돼요.
패턴이 만들어지고 습관으로 자리를 잡지요.
우리의 뇌는 하던 대로 계속하는 훌륭한 성향이 있으니까요.

천리 길도 한 걸음부터 시작하는 것처럼
전념도 쉽고 작은 한 걸음이 관건이니
가볍게, 작고 쉬운 행동부터 시작해 보세요!

SMART 목표

원하는 가치 방향을 향해 나가려고 하나요?
계획을 세우고 출발하려는 당신
높은 곳도 한 계단, 한 계단 단계적으로 오르듯이
먼 길도 한 걸음, 한 걸음 점진적으로 나아가듯이
전념을 출발하려면
목표를 SMART하게 세우세요.

ACT의 SMART 목표를 소개할게요.

S 구체적이고specific
M 측정 가능하며measurable
A 달성 가능하고attainable
R 결과에 초점을 두면서result-focused
T 한시적인time-bound
목표!

이런 목표는 좋아요!
"잘할 거야." 같은 막연한 목표는 좋지 않고요!

SMART 목표를 세우면
당장 목표를 달성해야 한다는 조급한 마음이
누그러져 여유가 생기고
현실적인 시간표 위에서 유연해져요.

목표를 한 단계씩 이뤄가는 행동에 전념하도록…
다음과 같이 유연한 마음의 지원을 받으세요.

진전에 대해 부정적으로 판단하는 마음에서 벗어나고
알아차리는 진정한 자기에 연결되며
다른 이들의 기대 쪽으로 벗어나지 않으면서
쉽지 않은 길에서 버텨 내고
현존하면서 과정을 즐기고
늘 가치와 연결되어
한 걸음씩 내딛으며 계속 나아가요!

맺는말

수용전념치료ACT가 다져 놓은 자유로운 마음, 유연한 마음을 위한 여섯 가지의 길을 모두 지나서 마지막 지면에 이르렀습니다.

제 마음에 여백을 남기며 스쳐 간 풍경들도 나누고 싶어서 글과 함께 담았는데… 잘 둘러보셨나요?

각자에게 도움이 되는 가사들이 가슴에 차차 스며들기를 바랍니다.

여는 말에서 언급한 바 있듯이, 심리적 고통과 그로 인한 병리적 문제에 대한 ACT의 관점은, 그동안 인류가 쌓아 온 지혜 전통과 현대 진화과학을 버무려서 증거 기반 치료로 확립한 것입니다. ACT는 인간에게 보편적이고 불가피한 심리적 고통에 대한 통찰과 기술을 제공하며, 인간만이 지닌 심리적 고통에 대한 해독제를 제공합니다.

이 책에서 안내한 여섯 가지 길은 감정, 생각, 주의, 자기, 가치, 행동의 과정으로서, 유연성을 받쳐 주는 기둥이나 근육과도 같습니다. 그리고 이 여섯 가지 기둥이 만드는 널찍한 공간이 유연한 마음이며, 자유로운 마음입니다.

이제 책의 뒷마당에서, 이를 공간에 비유해서 다시 한번 정리해 볼까요?

고통스럽고 취약한 느낌을 주는 감정이라도 이를 품을 수 있는 넉넉한 공간,

마음에서 생산되는 생각에 충분한 거리를 둘 수 있는 너른 공간,

지금 여기에서 마음의 안과 밖에 존재하는 것들을 알아차릴 수 있는 여유로운 공간,

자신에 대한 이야기를 넘어 언제와 어디를 넘나들며 '알아차리는 자기'가 이동할 수 있는 드넓은 공간,

존재의 방식을 스스로 선택할 수 있는 자유로운 공간,

선택한 방향으로 전념해서 행동할 수 있는 열린 공간…

여러분 모두가 여섯 가지 길에 통달해서 이 자유로운 마음으로 각자의 가치와 일치하는 삶에 전념하면서 잘 살아갈 수 있기를 바랍니다.

ACT의 인간 마음에 대한 진리와 지혜가 여러분의 영혼을 일깨우고 가슴을 물들이며 행동을 새롭게 하기를 바랍니다.

공명했던 ACT의 진리를 잊고 지내게 되더라도
심리적 고통이 문을 두드릴 때면,
가슴에 새긴 ACT의 노래를 기억하면서
가치에 다시 접촉하고 전념하는 삶으로 돌아와
그 자리에서 다시 시작하기를…
ACT의 노래가 창문 앞에서 노래하는 새소리처럼
여러분 귓가를 맴돌면서
늘 여러분에게 새로운 날을 깨우길 기원합니다.

이 책으로 함께해 준 분들, 수용과 전념의 길을 함께 걷는 모든 분들에게 ACT의 'LIVING GOOD!'을 기원드립니다. 모두 고맙습니다.

허공 문현미 올림

참고한 문헌

문현미(2006). 심리적 수용촉진 프로그램의 개발과 효과: 수용-전념 치료 모델을 중심으로. 가톨릭대학교 박사학위 논문.

문현미, 민병배 역(2009). 마음에서 빠져나와 삶 속으로 들어가라. 학지사.

문현미 역(2012). 우울증을 위한 ACT. 학지사.

문현미, 민혜원 역(2021). 자유로운 마음. 학지사.

Ciarrochi, J. & Bailey, A. (2008). *A CBT Practitioner's Guide to ACT*. New Harbinger Publications.

Hayes, S. C. (1998). ACT Protocol for the Treatment of Polysubstance-Abusing Methadone Clients. DA # 08634.

Hayes, S. C, Follette, V. M., & Linehan, M. M. (Eds.) (2004). *Mindfulness and acceptance*. New York: Guilford Press.

Hayes, S. C, Jacobson, N. S. & Follette, V. M., & Dougher, M. J. (Eds.) (1994). *Acceptance and change: Content and context in psychotherapy*. Reno, NV: Context Press.

Hayes, S. C, & Strosahl, K. D., & Wilson, K. G. (1999). *Acceptance & Commitment Therapy: An experiential approach to behavior change*. New York: Guilford Press.

Hayes, S. C, & Strosahl, K. D., & Wilson, K. G. (2012). *Acceptance & Commitment Therapy: The process and practice of mindful change* (2nd ed). An experiential approach to behavior change. New York:

Guilford Press.

Hayes, S. C, & Strosahl, K. D. & Strosahl (Eds.) (2004). *A practical Guide to Acceptance & Commitment Therapy*. New York: Springer. Springer Science + Business Media, Inc.

Germer, C. K. Siegel, R. D. & Fulton, P. R. (Eds.) (2005). *Mindfulness & Psychotherapy*. New York: Guilford Press.

O'Donohue, W. Fisher, J. E. & Hayes, S. C. (Eds.) (2003). *Cognitive Behavior Therapy: Applying Empirically Supported Techniques in Your Practice*. John Wiley & Sons, Inc., Hoboken, New Jersey.

Roemer, L, & Orsillo, S. M. (2009). *Mindfulness and Acceptance Based Behavioral Therapies in Practice*. New York: Guilford Press.

Twohig, M. P. 7 Hayes, S. C. (2008). *ACT VERBATIM for Depression & Anxiety*. New Harbinger Publications..

이 책에 수록된 사진은 저자가 직접 촬영한 국내외 공공장소의 풍경입니다.
일부 사진에는 조형물이 포함되어 있으나 작품 감상이나 재현을 목적으로 사용되지 않았고, 텍스트의 분위기를 위한 배경 이미지로 사용되었습니다.

저자 소개

문현미(Moon Hyun Mee)

서울대학교 졸업 후 동 대학원에서 교육상담학 석사, 가톨릭대학교에서 상담심리학 박사 학위를 받았다. 마음에서의 해방과 자유, 진실에 대한 통찰이라는 가치를 위해 심리상담 일에 뛰어든 지 40년이 넘어간다. 그 여정에서 수용전념치료(ACT)를 접하고 연구하면서 인간 고통 문제에 대한 통찰력을 키워 왔다. 한국심리학회 상담심리사(1급), 한국인지행동치료학회 인지행동치료 전문가로서 마음사랑인지행동치료센터 수석 부소장, 마음사랑의 집 원장으로 심리상담에 전념해 왔고, 현재는 마음사랑인지행동치료센터 ACT 수련감독으로서 수용전념치료 관련 교육과 상담자 수련에 일조하고 있다. 수용전념치료 관련 논문으로 「인지행동치료의 제3동향」「심리적 수용 촉진 프로그램의 개발과 효과: 수용전념치료 모델을 중심으로」 등이 있으며, 역서로 『마음에서 빠져나와 삶 속으로 들어가라』『우울증을 위한 ACT』『자유로운 마음』 등이 있다.

자유로운 마음을 위한
수용전념치료ACT의 길을 노래하다

2026년 1월 5일 1판 1쇄 인쇄
2026년 1월 15일 1판 1쇄 발행

지은이 • 문현미
펴낸이 • 김진환
펴낸곳 • ㈜ 학지사
04031 서울특별시 마포구 양화로 15길 20 마인드월드빌딩
대표전화 • 02-330-5114 팩스 • 02-324-2345
등록번호 • 제313-2006-000265호

홈페이지 • http://www.hakjisa.co.kr
인스타그램 • https://www.instagram.com/hakjisabook

ISBN 978-89-997-3587-5 03180

정가 17,000원

저자와의 협약으로 인지는 생략합니다.
파본은 구입처에서 교환해 드립니다.

이 책을 무단으로 전재하거나 복제할 경우 저작권법에 따라 처벌을 받게 됩니다.

출판미디어기업 **학지사**

간호보건의학출판 **학지사메디컬** www.hakjisamd.co.kr
심리검사연구소 **인싸이트** www.inpsyt.co.kr
학술논문서비스 **뉴논문** www.newnonmun.com
교육연수원 **카운피아** www.counpia.com
대학교재전자책플랫폼 **캠퍼스북** www.campusbook.co.kr